Salmos

Proscritos

Escrituras Editora e Distribuidora de Livros Ltda.
Rua Maestro Callia, 123 – Vila Mariana – 04012-100
São Paulo, SP – Telefax: (11) 5082-4190
e-mail: escrituras@escrituras.com.br
site: www.escrituras.com.br

Editor
Raimundo Gadelha

Coordenação editorial
Dulce S. Seabra

Capa
Reginaldo Barcellos

Editoração eletrônica
Vaner Alaimo

Revisão
Nydia Lícia Ghilardi

Impressão
Yangraf

Apoio Cultural
Dra. Karyn Blank do Valle e Dr. Fabio Urban

Dados Internacionais de Catalogação na Publicação (CIP)
(Câmara Brasileira do Livro, SP, Brasil)

Valle, Mauro
Salmos proscritos / Mauro Valle. -- São Paulo : Escrituras Editora, 2003.

ISBN 85-7531-077-1

1. Poesia brasileira I. Título.

03-2043 CDD-869.91

Índices para catálogo sistemático:

1. Poesia: Literatura brasileira 869.91

Impresso no Brasil
Printed in Brazil

MAURO VALLE

Psalmos Proscritos

escrituras
São Paulo, 2003

"Levo uma rosa na mão perigosa" *ela, exuberante,*
me repetiu, ela, a admirável professora
e notável pianista Gilda Faria de Melo,
para quem dedico este livro.

I

As tardes deste lugar ruivam três ruas
Quando a outra via em que me vi
Já roçava o seu crepúsculo
Venci duas ladeiras
Apeei no Bar do Boca
A voz que me saudou quedava sobre o vinho
E o praça ali curvado
Mal guiou o gesto de quem ia em tremulina
Que peia este lugar!
Por que tenho de despejar aqui minhas desditas?
Eu vinha pelo centro
Ao rés desta jornada
No cenho a sombra aflita de meus atos
O que quero aqui?
O que sei de mim abrigando esta vazante?
Tudo o que toco é pífio ou tresanda a canalhice
Outro dia, chamaram-me à frente de uma empreitada
Aquilo era dor ou uma trilha estupefata
Pus pra fora da alcova o galego e a concubina
Dois vizinhos recuaram o desfecho de meus passos
Vozeei a folha do mandado
Contra a luz que me expedia
Durei a natureza de outro riso
A alma em fogo e fé que eu sucedia
A concubina soluçou sua espertina
Falhou ali seus trechos de amargura
Não prezo cortejo de agonia, rechacei
Nem o travo do galego me abrandou
Aquela dança de face e tremor
Esgrimindo a passagem que é pânico ou loucura
Num brado, prostrei aquele fato

Que o chão da tarde retorcia
Nada me turbou na tal devassa
Nem as lágrimas da meninazinha que o galego reprimia
Ela fungou fino, suspirosa:
"Moço, meu nome é só Luzia!"
Arrecada os três, Valadão, desferi
Sem outro dizer senão a carranca soerguida
Com que eu regia o baixar daqueles olhos
Rangeu o assoalho quando norteou-me outra risada
Eu ia dali punir uma vindita
Calar porrete em viés de gafieira
Então, portei lá no Abreu
Nem vi o dia se entregar
Na fronte do Eustáquio
Que de um trago se aluíra
E eu no talento da hora eleita
À virtude de meu vinho
Perdi as senhas do tempo
Saí de lá na guimba do orvalho
Tornei ao Veiga
Mas o Veiga morreu
Agora é o antro da corja
A corja da liamba
Que o meu porrete correu
Alcancei a Travessa do Carmo
Dois praças me buscavam
Para o turno do dia
Não, hoje não, hoje vou viajar o gogó
Em gume de alegria!
O Lira aparteou, meio ganindo:
"És sentinela ou vergonha da Companhia?"
Levei a mão à divisa
Já guardado de absinto:
Sou a sombra da serrania!
Mal ouvi as fardas que me cercavam
Saltei um vágado
Caí no balastro da ferrovia
Foi entôo de treva e o facho da litorina

Corrupiei o corpo na feição do fim
E o que era pronto viveu-me pirueta
E o poste de aroeira me escorou
Aprumei as ombreiras
Sem pejo qualquer no meu passo
Só meu coração pulsando sanhaço
Cheguei à casa da Gaia
Dois dias atuei ali no léu que me levava
Pelo arroio cujas águas exauridas
Gemiam servas do poder que as madrugava
Ah! Gaia, quebranto de açucena!

Meu Deus, há quanto tempo estou nesta piorra
Esvaindo fêmea, espraiado de aguardente
O serviço ficou lá nas gavetas gloriadas pelo alcaide
Que se virem aqueles marambaias!
Eu vou nesta veia de vida
Remoçando esta venta de vinho
Por quanto é só quebranto
Esse canto de quenga
Aqueles azes fortuitos, os naipes tão ébrios
Girando na mesa e meu coração sagaz de torvelinho

Meu Deus, quanta sebaça semeei neste vilório
Quanto bandalho verguei numa porrada
Outro judas pretejou, se ajoelhando
Quando me viu faiscante a mão
Que gerava o giro da navalha
Nada me coube que eu não tripudiasse
Nauseou-me a fama de faquista
Nauseou-me a alcunha de Turuna
Engulhou-me o mundo
Engulhou-me esta ventana
E o lampadário dessas cristas
Que ali carteiam suas vidas enganadas
Sou valdevino, sim
O negro signo desta rua
O blásfemo evangelho de quem me vê

A face mendaz do meu tempo malogrado
E agora me fere este balcão
A triste nota de um bordão que fôra vinho
É o Antão e o Siridino sussurrando a serestina
Que meus olhos colhem na mesa imaginada
Então, silenciaram as vozes confessadas
Por essa mesa que guardara o seu segredo
Para o olhar que ali buscava
O consolo daquelas vozes esvaídas

Sobe a noite
Meu noturno é esta parede fria
Que me verte o vulto pelo chão servido
À fala pungente que me anuncia
Ah! Vila da Compadecida
Tenho ido o avesso do que eu podia
Temulento! Temulento!, assim responde a rua
Quando vai o meu rosto rendido à fantasia
Quem sou a doida servidão que aqui me traz
Para reviver o arrimo inútil deste dia?
Ah! Compadecida, só me arvorei por bazófia e vilania
Esqueçam-me, esqueçam-me, vocês aí que escutam
minha morte
Vindo serena, saudosa de mim, na noite sem fim
Arpejo de bandolim

II

Era o ensejo de outra governia
E outono o Sapucaí
Os viventes de lá esmoreciam
Num veio só da má terçã
Chegou Pedro Quicé naquela grã de agonia
E deu o dia campeando o credo, os sortilégios
E aquela gente, então, agora rompeu a romaria
Até a Grota da Guiné, onde a Virgem desceu
A névoa densa dançava a penedia
E a Virgem vindo feito um vulto de milagre
Flor de bogari era o chão em que pisava
Surdina de sol a mão que nos sinava
Sorriu três vezes a face fulgurante
E consentiu sua glória à névoa que a levava
Aquilo foi meu passo de prodígio

Eu era um dos tais romeiros
Filho da serra, o seareiro sem passado
Meu pai era cria de lapa
Minha mão tão revelia
Então, chegaram os pulhas à enxovia
Levaram nossas sinas aonde o fojo faz pousada
Numa covanca com dois ranchos já tombados
Ali meu pai ficou até o fim dos cafeeiros
Minha mãe lavrou uma trezena na Jambava
Depois se arvoou no rito de quem rastreava
Ganga de tifo e sororoca
No fatal só me olhava
A boca purgando a penitência
Enfim, desviu a rota e deu a alma
Foi-me o golpe mestre de Cão
Ajoelhei nas estrelas do estio

Chorei as chagas do chão
Os pulhas, senhores da possança
Cercaram o meu pai:
"O menino vai pras bandas do Vizante
Onde ministra frei Simão!"

Bem sabes, Naiá Cirana
Como o tempo avante me percorreu
Naiá Cirana, que vão consolo tua mão aflita!
Pois é esta a sala que me foi prescrita
Aqui enganei a vida
Por esta túnica sem trégua
Pelas algemas desta lei
Cuja letra é minh'alma já proscrita
Os outros lá, se cantam o ofício
Só me cantam a desdita
E essas vozes que sobem de benditas
Riem de mim, zombam de mim
Eu sou aqui o histrião
Mesmo que não me fitem
Sei que estão chacoteando
Mesmo dormindo, pilheriam
Meu nome é o caso corrente
Eles são afáveis, compassivos, alguém advertiu
Era o graúdo da ventana verde, me apaziguando
Este, pelo menos, arrasta a compostura
Os outros? Santos como diz o olhar do fariseu
Quem me assenti de remir esta servidão?
Há cem anos me esvaio aqui neste sudário
Há cem anos carrego essas risadas contra o peito
Sou torpe e forniqueiro, é o que sussurram
Entre um canto e outro escuto o meu nome
E o que cantam é o espocar de risos
E os risos e os cantos são esta sala que me sabe
a vindita
Um voto me entregou às potestades do recinto
Vê, Naiá, como farfalham as cabeleiras que me indigitam
E como riem, riem, das chinelas aos braços

Os braços da ventania
Há quanto tempo venho esbravejando contra isto
Mas de mim todos eles só silêncio recolheram
Sim, eu o parvo, o que sangrou nas mãos desta
mortalha
Até a última gota nagô
Meu lugar no mundo foi rirem de mim
Riram essas portas assombrosas
Postas aqui por que me vissem melhor as faces sibaritas
Essas portas de desterro, essas paredes prenhes de
um perigo
Mirando o que me foi a sanha inaudita
Que moveu os comensais de onde resto
Por que rissem sem pejo
E rissem supremas
As alas caladas
Desta sala maldita

III

É tarde. Andar no arame me esvaiu
Calou-me um arlequim
Quando a sombra me cobriu
E a platéia me viu
Florescer tão mandarim
Era ali no Véu de Lume
O teatro de minhas sensações
Isso se passou há tantos sonhos
Tanta salmodia, e eu cismando palcos
Verti vícios e venturas
O tempo movendo
Minha rôta companhia
Hoje tem outro signo
A luz que me seguia
Sou hoje só a rua antiga
Que aqui ficou para cantar
A luz dos lampiões roçando a noite
E os prédios idos
Nos braços da névoa
Minha serena mocidade?
Na fronte que me quis
Pousou uma tristeza
Quando me fitou, já suplicava:
Ó passarinho, deixa-me alcançar tua alvorada!
Mas eu me reduzi a este bar e a esta treva
E lá fora açoitam-me a alma dois fantasmas
Com cada qual um rebenque de estrelas
Ó Setembrino, dá-me cá uma alegria
Que seja o bandolim
Ou o corpo de Maria
Ah! Setembrino, a noite oscila nesta cave
Escuta o tropel e a matraca

Escuta esses muares
Rinchando os ares
Como choram as campinas
Eis que chegam os meus senhores
Vou abrir a porta
Vou raiar no breu
Para ouvir minha sentença
Eles vestem capuz e lá me esperam
Adiante desta porta
Seus vultos são a eternidade
Cá estão, soam braços as divisas
Que sopro glacial essas mãos que me procuram!
De repente, a noite é o mar
E as caravelas espantosas
De seus vultos pesadelos
Ainda não, meus senhores!
Antes de ir convosco
Deixai-me dançar minha tirana
Uruê! Antes da morte
Vou rodopiar o sarrabalho
Então, podeis levar-me
Com esta túnica madrugando
Já entregue ao transe de um mantra esta tirana
E louco para morrer
Sob as mãos solenes com que me olhais
E louco numa parte da alma que é riso
Numa parte da alma gotejando pânico, alargando o riso
Riso e deboche a mais valer
Por vossas caras patéticas
Por vossas caras perenes
E vossas mãos rasgando o que pensei
Durando-me no sambenito o que dizeis que me é ultraje
E eu ermo de tudo, rio a coda da tirana
Riso de louco e já sereno
E outra vez doido vomitando os vossos ares
As vossas regras
E esse mundo que não me viveu
Construído ali onde o estar fôra degredo

E se o sol fulgiu sobre vós
Não era dia, mas a instância
De vossas armas lampeando
Os anos que vos foram
Um séquito do medo
Xus! Estou pronto para o vosso ofício
Pronto para o que manda este rito
Já não me turba este precipício
Meu coração cigano
Súdito foi meu coração
Que transgrediu e assoalhou vossos preceitos
E sequer a mim me pertenceu
Podeis levar-me
Não me importa ir convosco
Dói-me apenas deixar esta tirana
Esta que, sendo mulher ou êxtase, recebeu-me dança
E deixou-me o veio
Que em mim queimando mais nutriu
A alma de seu movimento
Pena-me deixar aqui
Esta que bailando a dor
Sorriu a vida, esta colina
Que noite me tomou
Mas tão menina
E símbolo me pareceu
E me cingindo foi o legado deste chão
O veleiro e a viagem
De quem podia muitas rotas
E tornando-se aqui esta luz caída
Bordou em meu coração
Os indícios e o cerne de sua passagem
Podeis levar-me agora
Não me importa ir convosco
Ah! Meus senhores, conheceis a noite
Mas não conheceis a chama
A chama ébria de ser noite
Sabeis o lírio
Mas não o lírio ardente de ser dança

IV

A ponte de Lavrinhas
Era o lugar em que eu meditava
Eu hospedava, ao pé do rio
Minhas horas de segredo
E ouvia aquelas águas cantando a música do mundo
Depois, veio a tempestade
E levou a ponte, lavrou a noite em meus olhos cruciados
Hoje a ponte é esta tarde
Descendo a rua de outros rostos
As faces arredias desta vida

Vinde, crianças, vinde
Vede como estas mãos ruflam passarinhos
E este chão que era ambíguo
Hoje vos trouxe o arvoredo cujas ramas refloridas
Vão a voz de Rapunzel
Sonhai comigo a chama azul dos meus piões
A chama que não fere
E é só este papel guardando os vossos dias
Dançai comigo o sol
Que num momento ruge a venta rubra
E então fecunda esta campina
Ali estão as parelhas de zebu
E eu numa cangalha
Armando a gola do gibão
Adiante os miosótis
Numa carreira de frio e sicupira
E então o cerro avistando o tempo das senzalas
O aboio, o aboio, João Cabo-de-Nó
Girai esse engenho que vinga
Nossas vidas paridas de mó
Hê-hê, Cabo-de-Nó, nossa sorte é a guapira

Os duendes de embira
E o rocim de cipó
Quanto reino perdemos ao Capitão Pantalão
E aos soldados de barro, reunidos num só
Era o fantasma do Maneco da Lira
Que arrebatou nosso enxó
Já era noite e a noite nos queria
Eguando aceiro onde voga o Capiroto
E nós ali, as crinas rebrilhantes, escorridas de luar
Ou como corvos nos queria a noite, num topo de faia
As asas desferidas contra o brado algum do breu
Volvido do chão, feito de alma a penar
Mas eis que veio Deolinda, a fada-guia
E deu o condão de onde surgia
Revinha dos campos perdidos
Cuja memória se abria no coração de quem sonha
As sombras da sesmaria
E dizendo déu e dom a face servida da chã venturosa
Descerrou nossos olhos
Que verdes brincavam os duendes do ar
Vinde, crianças, por esses atalhos chamando
Neste trecho de rua
Vede os saltimbancos tramando o trejeito
Que produz o flautista
Os trajes riscados, exclamantes as caras
Festejando clarins
E então o trapezista achando na altura
A mão que o sustinha tão longe luzindo
Um talento de vôo
De quem rege precipício
Vede aquela esquina que fôra os desígnios do medo
E agora roda o realejo e acende o carrossel
Ah! os cavalinhos concebidos de branco e alegria
Galopando a raia esquecida de meu ser
E como vão céleres, as rédeas atadas às vossas fantasias
Buscando o arroio que anoitece em meu peito
E vão murzelos, baios e cantiga
Trazendo a hora que retrocedeu
Sim, de repente, roçou-me o crepúsculo

Foram-se os saltimbancos e os cavalinhos
E o sol que suspendia o rataplã dos soldadinhos
E era o muro em que subíamos
Para ver os madrigais
E num momento os malabares
Pojando jongo que fôra a trinca dos jograis
Ah! Crianças, perderam-se os trevos deste dia
Tresmalhou-se Durindana com seu pajem e os anões
E minhas mãos se fecham guizos
E, se chocalham, barulham cavas
Porque terçam sol quando vertem só crepúsculo
E ainda riem o tropel dos cavalinhos
Quando cresce a rua no afã desses senhores
Cujos talhes dialogam a foz de seus destinos
E contam os atos desta vida
E os olhos trágicos que trouxeram à nossa esquina
Lá vão eles trombeteando as cãs para os outros que
os seguiram
Os ventres sacudidos, os esgares tidos de engodo e
bebedeira
Ah! Crianças, vede de novo o prodígio, a noite corrupia
Rodopiam os duendes
Na roda do coreto essa campina
E o arvoredo amealhando flor
Da cantiga que ali cirandeamos
Vede o sol no olhar da fada-guia
Ela vai conosco enquanto durar a graça desse arcano
Não vos turbe a passagem daqueles que se foram
Trovejando as vias da vida que lhes convinha
Se o sol se arqueou e a noite vos trouxe de ternura
Brincai essas estrelas
Que de dia passarinham
Saudai esse luar que alto se pertence
Para que não nos dispersemos
Além dessa luz que nos fadou
Dancemos, crianças, dancemos
Foram-se os piões e os saltimbancos, e em mim reponde
o desalento
Por vê-los dissiparem-se nas minhas mãos expatriadas

Eu, porém, resvalei o vulto no gume de outras águas
Mas sou o vosso olhar
Aquém dessas traves de tédio e de concreto
Em que os dias se golpeiam
E fulgem fato as cornucópias
Aquém desses olhares de aço e soberbia
Que descem dor, mandarins de onde
Sou o vosso olhar em júbilo
O vosso olhar volvido
Por três dobres de saudade
Por três levas de alegria
Dancemos, crianças, dancemos
Foram-se todos, foi-se o estro que nos trazia
Mas ficaram em nossas mãos as marcas de seu tempo
E não tem fim o tempo que nos legaram
Quando a música e a dança
Tornaram-se o coração do que vivemos
Dancemos, pois, outra toada, dancemos
Que longe vão os torvelinhos
Dancemos a vida, dancemos o mundo, o mundo
Por que jamais o seu travo nos alcance
Mas só nos guie a música de seus caminhos

V

As mãos pungentes de Coiú
Buscam Tereza
Lavram no cedro mais moço
Tão antiga tristeza
Entalham, depois, as faces do que lhe foi
Escárnio, estesia?
As faces esquivas, ébrias, travessias
Dessas mãos que as transfiguram
Nas trágicas paragens de seus dias

Essas faces recontam tua lenda, Coiú
E a noite veio golpeando a hora aflita
E veio vágado de lua, essa desdita
E navegou em ti sua toada
E eram estrelas guardando tua vala
Estrelas tão altas, conduzidas
Por teus olhos abertos guiando que céus
Naquele chão tão menino
Os teus olhos sem vida?

...

No meu quarto, a parede recitou
O verso triste que eu dormia
Dentro do livro, minha irmã era uma ciranda
Dentro do livro a fala veneranda
Da negra Néia fiando jongo e o que podia o devaneio:

> *"Ouve, menino, o vento libertou a alma que foi da penedia*
> *Alma de forro que foi lírio e Luzia*
> *A alma que ontem pousou na sibipira*

Numa asa era o sol
A outra só cantou a vossa lira!"

...

Nesta rua sou apenas um olhar sem rosto
Nesta rua onde as pombas habitam
Esse minueto de pedra, esses anjos tornados de sol
Cujas frontes matutinas
Eram trinas e eu sabia
Que falavam de alegria
Em meu coração tão serenado
E cantavam dom e cantavam sinas
Aos dias que me foram enviados
Mas, depois, tredos fizeram-se os lugares
Que dali além me acolhiam
E hoje nesta rua vão os anjos
Que meu coração estua
Esses anjos cujo canto é agora a pedra nua
As fontes enegrecidas, já tão mudas
Se me fitam, só fitam sombras suas
Já morridas na surdina de meus passos
Nesta rua eu gostava de sonhar
Com aquela que o tempo escondera
No destino maior de fatos que não me souberam
Neste banco aqui, diante dessa ferrovia
Eu gostava de sonhar com ela
Minha mãe, manhã morena
Que eu vi chegando e era a vida plena
E só o acalanto e só o gesto azul
De suas mãos minhas melenas

No meu quarto, a parede se apagou
Tornou-se a grota que viu chorar Dom Isidoro
Aquele que finou sob as guampas do zebu
Por que repete para mim sua agonia?
Por que me chama de bruxo e bem-te-vi?
Estro não me coube, senhoria

Só me couberam estas cordas que nunca entendi
Mas não sei sofrer quem não vivi
Sou apenas o bordão do bandolim
Doendo as primas dessa dor sem fim
Agora sou o pequeno Bim, uma estrada verde
E a vereda é a voz de pai Francisco
Soando como soa o alecrim
Quando sopra o vento e sopra na açafroa
O seu flautim

...

Eram vésperas da epifania
Uma braça de névoa se alçou na alpendrada
Abri a porta que a sentinela franqueava
Duas colunas lampearam, uma dórica
A segunda nomeada
Pelo rito que me entregava o guardião
Eu ia de negro, dois vultos me ladeavam
Dei a senha ao valete e ao veleiro
A espada calou à minha frente
Voltei o rosto à voz que me chamava
Mas era breu a passagem
A passagem era o arco de meu tempo derrogado
Tomei o braço do irmão que norteava aquele entrecho
E eu tão próximo do segredo me arvoava
Não, pensei, tenho de consumar esta escalada
Caminhei o vão da madrugada
O limiar da cumeada me exauria
Na parede, então, trovejou a voz que fôra vida
A vida de meu ser já destinado
À chama oblíqua, à vestes brancas que legavam
Diante do senhor empertigado
Que tinha à destra o livro do Oriente
Eu disse as alvíssaras de seu capítulo mais guardado
Cruzaram-se as espadas
E o valete ali postado
Ergueu o véu que me cegava

Por que eu visse, além de mim, além das sombras deste
mundo
A luz primeira, a luz sem par
Que verte a vida para além da morte

VI

A dança da luz me rodeou
Sob meus olhos trêmulos
As páginas porfiam
Duas paisagens de Cézanne
E o rosto de homem que é cântico
E o de outro, calafrio!
Que festim essas paredes de pavana!
Fecho as páginas
E o dia findo cresce em mim
Como uma vaga
É ali a passagem do foro
Adiante, as cãs que me governam
Já alveadas, rindo a luz difusa
Que se transforma, além
Num senhor de negro
O signo do escárnio, essa guarida
Não há ninguém nas salas
Só os corredores confabulam
Volto-me para o homem de negro:
O que faço aqui?
E ele afaga a lapela
Com a mão que lhe desce silêncio abaixo
Os porteiros me escrutinam
Se soberano eu fosse!
Ah! Quem me dera
Para conjurar este foro
Uma franja de serra
E no rancho fechado
As pastoras girando
À flor de um fandango!
Então, alguém bradou
Lá de onde o corredor alcançava uma carranca:
"Hoje não há ofício!"

Cobriu-me o vozerio informe
De repente, estrugiu a casquinada
E um rinchar de coletes e cotovelos
Golpeou-me o pasmo
Doeu-me a sombra de um passo
Quando olhei à volta
Já me achava ali sob um pregão de alfaia
No coração do dia
Que bálsamo a toada dos pinheiros!
Que rondó essa andaina de risos
E o sol da Abernéssia!

...

O livro desta noite me conta
Os presságios de meu olhar perdido
Sobre uma mesa de jogo
Onde as cartas eram o tempo
Dos ritos malogrados desta vida
Hoje falhei o que era mais humano
Veio aqui o Fiorim
Dizendo desengano a cara súplice
Pediu e pediu
Ah! Fiorim, esta sina é um clarim
Mas só nos move a mão das três vertigens
Vi-o afastar-se margeando a sebe
Se adeus disse
Volveu a brisa
Agitando os ramos do plátano próximo
A distância meneou-lhe a solidão
Quando alcançou o moirão de uma cancela
Já a noite o conduzia
Hoje feri quem me buscou
Hoje eu podia me extrair desta letargia
Mas daqui não me arredei
Aqui sepultei todos os gestos
Ah! eu nasci para o alheamento
Cresci para o inverno desta vida
Pobre Fiorim, com quem, alhures

Compartilhei as minhas mágoas
Não, jamais o levarei a São Paulo
Nem aqueles outros que o acompanham
Surgidos do Beco do Açafrão
Os pererês do lusco-fusco, pesadelos da Abernéssia
Não, não consigo me extrair deste lugar
Não consigo tirar de meu caminho
Esta pedra imensa, estes torvelinhos de lua cheia
Que me conhecem para o coração desta alcova
E me vomitam, ébrios de estesia
Por certo, não os levarei a São Paulo
E eles, aquém deste momento, acenam para mim
Embaralhados aos meus pensamentos
E ainda podem sol
Vestidos de baetilha
Saltando muros à flor do frio

Não, não os levarei
Ah! música absurda, que consolo!
Eles só queriam mostrar às damas da Pamplona
A fala de seus prodígios
O que puderam no pinho
Os dias de suas mãos inexatas
Acaso o mais alto gesto
Com que a vida os mirou
Estão agora nos monturos
Engalfinhados sobre os restos
Das ceias de outro dia
O frio desce dos outeiros
Vem garimpar suas carcaças estriadas.
Nada eu quis fazer, e esta música em meu peito, açorda!
Aquele bando de dioguins tornando à coca
À coca e ao ratatá da beduína
Dormindo a manhã febril de uma cumeada
Que cedro fôra
Mas o sol senil que exumou da noite
As chagas do chão
Suas nômades moradas

Vai alta a hora
As velas já madrugam
Escuto uma tercina
E então, lá fora, soa a flauta doce
Quem sou agora segue o Laudete Deum
Que o flautista casual entoou por esta casa
Eu só pude ser isto
Aquele que não ousou o próprio gesto
E fechou com uma mesura
A porta da gerência
Eu só pude ser isto
Esta compaixão enredada em cobardia
Só isto, e a velha sebe um hino
O dia surge
Pelas frestas do roto cortinado
E o que era cravo em minhas mãos
Mas as chamas do livro inominado
Viu crescer o dia
No moreno cimo da amurada
Esta é a outra Abernéssia
A passagem sorrindo este vão destino
Mas eu que o fitei profundo (Fitei-o porventura?)
Quando faiscava o mundo
Vi sobre os passos com que me seguia
Seu olhar mais fundo
Que só tristeza destilava
Quem sabe a face oculta dessas flores
Que buscam as cores
Na treva que as gestou
Esse olhar expatriado
Que esconde no júbilo das perenes invernadas
A angústia sem fim
Que em mim ficou
Quando mirei
Na luz meridiana
Pobre menina cega
O olhar de Fiorim

VII

Quando o olhar desta morada
Pousou em minha face
Eram cravos os caminhos
Que levavam ao outeiro
E música o atalho
Que me trazia ao limiar da noite
E me olhando longe
Me acenou esta morada
Com seus beirais de pinho
Com as empenas fulvas de repente
E me saudou demorosa
Com as hortênsias curvadas sobre as leiras
Onde doía-lhe o júbilo das cores
E, parecendo dizer, já por trás da névoa
Numa braçada de vento
Que triste era a sua paisagem sem mim
Logo recolheu a sua mágoa
E deixou o luar cobrir-lhe
As mãos serenas
Um renque de açucenas
Quando viu buscarem-me os aprendizes
No centro da capoeira
E o galo cantou em seu cercado de verbenas
Quando já nos recebia o Oriente

VIII

Os cedros desta sebe lembram fugas
Lembram gigas estas folhas dispersadas pelo vento
O sol acende mais além três mãos de cravos
E estas pedras aqui te miram pensativas
Ficaste sozinho nesta vila
Aos homens que passavam
Perguntaste o itinerário,
Responderam faia de treva,
Abutre constelado
E passaram como fantasmas.
Não foste o peregrino escolhido,
Tiveste de crescer sob muros
Viveste o teu poema execrado
Ficaste sozinho por pedir à vida
Uma asa mais veloz que a madrugada,
Mas foi tão dor a pátria presumida
Quão grave o ofício de alma expatriada.

Quem te deu esta fala tão pungente
Se tuas são as vozes sitiadas
Por vinte anos de um mando onipresente
Com cinco impérios
Nas mãos ensangüentadas?
Só a guitarra sabe a rota mais propícia
De abolir esta noite absoluta
Gritam cordas
E um terror metafísico
Repete em ti
Melodias sublimes
Com rotações desesperadas?
Até quando? Até quando?
Só a guitarra sabe a rota mais propícia

De exorcizar as cinco satrapias
Que te acuam com fardas glaciais
Gemem cordas
Em tuas mãos já repousadas
E elas então se abrem estas paisagens
Estas paisagens
Grão-senhores deste tempo
Jamais alcançareis estas paisagens

IX

Andei pela décima parede
Era submundo
Diante de tua gruta
Esta figueira me viu chegando
Vim trazer os votos,
Vim pedir a inocência
Ah! quantos muros me foi este mundo!
A negra luz arruou o que eu andava
Transfigurou-me a glória de seus ritos
E, sonâmbulo
Só triunfei o fel desta descida
Aqui estão os salmos
Conjura a noite minha alma aqui vencida
Que salmo ergueu-me esta agonia?
O rosto que me deste estes destroços
Aos pés de onde estás a penedia
Canta por ti
Este canto sem voz, a morte que me movia?
Eu vim pedir a inocência
Porém, me arrasta o que eu vivia
Deu-se a estrela
Sangrou o céu desta caminhada
Que vórtice o teu olhar tornado dia!
Permita-me tocar onde passaste
Mas meu gesto é chão
E só alcança a pedra de onde relva o fado
Eu fui o tempo
Que em ti rumou mais escarninho
E aqui deixou o que me existia
Teu silêncio sofre o que eu mais pedia?
Porém, só a chama peço
Disto que morrendo o mundo
Mais te pertencia

X

Mais feliz não é aquele
A quem soube a ventura
Do amor correspondido
Porém, aquele que sabendo amar
Até o amor que lhe fez traído
Durou a vida do amor menos compungido
Foi amando no que viu o que era havido
Que legou aos homens
Não apenas palavras, que só proveito têm
Para quem lhes dá sentido
Porém, o tempo de seu amor vivido
E não querendo para si
Nada além do concedido
Fossem dias turbados
Ou sendas sem qualquer triunfo
Mas amando sempre
Mesmo ali onde o estar fôra olvido
Tornou-se o sol para esses rostos fenecidos
Perdidos à sina do olhar perdido
Entre os augúrios do dia e do inverno que os seguia
E quedas as mãos
Entre os papéis daqueles que o feriam
Só deu o gesto do gesto que o fez trazido
A essa vaga chã que lhe houvera escarnecido
Pois esta sequer o mundo enterneceu
E vindo o tempo que não poupa
Nem a voz menos cava dessa vaga
Nem a glória vã de seus deuses decaídos
Viu triunfarem entre eles
Não os gestos de suas mãos subidas
Mas o talhe azul de seus desvelos
E por tê-los já à destra do que lhe fôra guarnecido

Ergueu-se qual o corpo do Segredo
Que veio flor
E deixou suas chamas
Nos trevos das horas
Que ao Fado foram consagradas
E por esse veio de amor já consabido
Fez-se para quem, embora carecido
Nada lhe pediu, o ser melhor volvido
Irmão, aurora, espera
O virente veio dessa voz que foi toada
E que agora dança nessa hera
E movendo o ver dos que o conheceram
Por essa sorte de amor jamais dorido
Se o mundo não deixou menos sofrido
Deixou o seu tempo de amor servido
Como a rota do viver mais suspendido

XI

Eu fruía as papoulas cristas matutinas
Dessas janelas vencidas de agonia
Cego para aquele que surgia
Como a rosa extrema
Parida do abismo que me conduzia
E estando alheio àquele rosto consentido
Contíguo à porta que o prosseguia
Trajei a noite que meu coração movia
Mas vendo as pedras que do alto vinham
Com as vozes daqueles que me assistiam
Descerrei os olhos descidos de abril
E o ébrio sino durou um terno de canários
E então vi aquele que me mirava
O vulto um mastro de sol
Guiando o bailado do chão
Aqui estou, meu confrade, bradei
Leva-me por teus campos morados
Pelo riso de tuas noites
Pela faina de teus pensares
Aqui estou, faz-me teu estro vespertino
Aquele que se quis o hino
Das águas que deliram mar
E se pouco sou
Para o doido vinho de teus falares
Desperta-me deste sonho citadino
Destas pedras crepusculares
Chama-me destas naus entediadas
Das entranhas insones destes lugares
Se nada sou que alcance os teus pulsares
Façam-me Ofélio esses cerros tresmalhados
Pelo informe areal dos três luares

Façam-me destino essas aves ressurgidas
Das penhas que lhe foram as asas cruciadas
E, assim, eu, o extremo, o signo, o anoitecido
Então, eu, enfim, o rumo dos teus navegares

XII

Hoje sacodes os guizos
Sob tenebrosas gargalhadas
Na porta de cima há um aviso:
Por aqui não passa quem não exibir
A máscara do martírio!
Sou o Jacinto da Maia, Maria
Aquele que sorria na ventana
Cravejado pelo olhar de Violante

...

Aquele lá, Maria, é o ancião de que, alhures, te falei
Jacinto, como eu, Malta da Maia
Surgindo, agora, da névoa matutina
Eis que dobrou a rua em que tem parado
Com dois gaiatos já raiados de amargura
E segue a sebe que no sol ondeia
As copas fulvas dos plátanos enviados
Pelo chão movido por um outro inverno
Que o nosso ver não conheceu
Lá está ele, colhendo as falas do Ventura
Lidando cifras, as faces da noite
Vindas de agrura
Ontem, ele esteve no solar de Violante
Com dois botões de rosa no terno já sovado
Querendo-lhe a voz que o olhar não dava
E durando um gesto que buscava a sua imagem
Rodopiou da luz
Valseando só
Mais embriagado por sua passagem
Outro dia, ele afirmou que é o real cantor deste vilório
E o cajado que tem é uma viola

Quando as horas o vêem serestear
Com mais três moços
"O Véu da Pastorinha"
Sob a lua do solar
Apure os ouvidos, Maria
Ouça-o como entoa
A moda do Chalaça
Aquela que nos deu este lugar
Agora é o estribilho
Que alteando as cordas
Ainda alteiam lírios
E o orvalho descendo por onde vamos
Já nos dão o chão de quando é sonho
E alegria em nosso olhar
Esse velho me falou as arcas do tempo de Genésia
Postas ali na sombra de um espaldar
E me contou as salas do solar
As paredes em que Tarsila ri
Sob a rima de dois ramos
Do plátano mais lembrado
Por querer guardar seu movimento
Na incerteza de seus dias
O sol de março já perdia as quatro empenas
Percorridas pelos trinos de um canário
Quando ele chegou do que era rua
Ou a foz da bebedeira
Tinha no bolso uma verbena
E no rosto a noite
Celebrada pelas mesas de roleta
Mais servida por guiar outras melenas
Era a hora mais amena
Que o silêncio amealhava
E seu pensar girando não girava
Ele não sabia
Se o seu andar o tinha
Ou se era o canapé que se aproximava
Eram gerânios se abrindo
E dois castiçais num travo

Ele fitou aquela moça, Violante
Estendida ali.
Com o ar de quem mais se afastava
Então, empunhou as redondilhas
Porém, a rima tonteou-lhe a voz
E, já rouca, passou rumo
Num gaguejo, só fracasso
E ela, então, se ergueu suprema
Da distância com que o amor condena
Quando atormentado por vãos pressentimentos
E julgando desprezível derramar os seus lamentos
Por quem supõe pagar com traição
Tudo o que lhe entregou
Pois cega se lhe tornou a mão antes serena
Por não cuidar se leviano houvera de ser
O olhar que a recebia
Já não se apiada de feri-lo sem clemência
Quando, na verdade, só açoita as próprias penas:

"Vai-te daqui, Jacinto
Vai tromebetear tua verbena a quem carece!
Vai destilar tua pessoa no chão de quem te queira!
Já disse: Some daqui!
Fora com essa quadra bêbada
E tu de permeio
Falando rum o que pensavas chilreio
E se fôra enleio
Mais vieste me amofinar!"

Ele baixou os olhos
Só as paredes recebiam
A dor que o guardava
Sobre o assoalho de cedro
No desvão de uma arcada
Gemeu quantas passadas
Queria o vexame que o prostrava
Até que, de novo, o visse a rua
Tendo no bolso uma verbena

E na mão direita
Um atalho de cansaço
Andou o vezo de seis coplas
O tempo que o coração sofria
E era o limiar do outono
O que aquele céu já consentia
Que agonia o outeiro alteando
A vertente que fitava a ferrovia!
Rua acima, veio-lhe a oblíqua alpendrada
Da casa branca certa vez tão afamada
Pela sorte de um barão já decadente
Com uma esposa em cada alcova da morada
O gradil à sua frente
Dava um sol que se fechava
Sobre o ferro retorcido
Depôs os braços
Mas o tempo era o renque de hortênsias
E as hortênsias reinventavam os seus passos
A tarde morria no sopé da amurada
Ele mirou a rua além do casario
E deixou sua verbena
Sobre um cepo cujo cerne lembrava faia
Quanto inverno devia ter-lhe vergado a galharia
Quando só havia ao seu redor uma campina
E a luz dançava um outro estio
Então, perdeu a luz a leira de cravina
O silvo breve anunciava a ferrovia
Voltando a fronte, ele ainda divisou as quatro empenas
Seus olhos postos no poente
Nada diziam, viajavam névoa
E a voz que tinha sem guarida
Por quem talvez soubesse quanto o feria:

"Veja-me o ser aqui surgido
Com qual querer não me quiseste?
Se amor te dei e mais fugias
Se alheio eu fôra e a mim te deste?
Onde achar tua vera face?

E como crer no que contavas
Se sendo teu eu te perdia
E ao me perder tu me choravas?"

Ah, Maria, quantas vezes o vi
Volver àquele lugar
Com um resto de noite na grenha revolvida
Com as ruas no rosto vencido de absinto
Quantas vezes já nem sei como esquecer

Outro dia, íamos à festa do Mirante
E ele com aquela véstia tão bizarra
Sorriu um acorde de guitarra
Quando, atravessando a praça
Gloriava a gare
Sob o olhar de Violante
Ela voltou-lhe as costas
Enquanto ele acenava
Sem se abalar, tornou a mim
Rindo um arrulho
Bem ao seu modo
De me guiar:

"Vamos, que hoje é festa!
Deixemos aqui estas insânias!"

Assim, nos afastamos
Ganhamos o chão onde a névoa é magoa
Fomos dez pinheiros de uma noite cava?
Portamos no Ventura, a tal bodega
Existida numa trégua que a rua simulava
Ele hesitou no que eu calava a fala que podia
Pendendo a cabeça para um lado
Que já em vinho via
De novo lembrou o solar
E de novo lá madrugava
Na ante-sala deixou sua casaca
Chamou por Violante

Chamou mais alto
Só a parede respondeu uma falena
Ninguém o esperava
No assoalho ardeu a manhã plena
No corredor que o recebia
Três espelhos o sondavam
Num era Beraldo, o taumaturgo
Noutro Chamorro que o pranteava
No terceiro era a máscara que o tempo tramou
Os olhos mudos, o ricto que o espreitava
Ele recuou duas passadas
Porém, a face que queria
Naquelas faces se alheava
Sim, o rosto de Jacinto Malta
Seu rosto verdadeiro
A fronte sorrindo a mocidade
Os olhos dançando a noite
Quando os pares surgem de uma galeria
E se aproximando mais
Tomam-lhe o espaço em que ia
E uma voz feminil o envolvia:

"Ó Jacinto, enfim aqui tua fidalguia!"

E ele, sério devolvia:

"Ah! Violante, deixa em meu peito tua mão
Tuas tranças roçando o que eu esquecia
Este mundo louco
Que eu não quis seguir
Quanto mais seguia
Ah! Violante, eu venci o mundo
Navegando a vida que o viver queria
Por que te afastas agora
Se só sei andar esta fantasia?
Que eu seja excêntrico
Que doido eu seja
A mim não importa

O que lá murmuram
Estes circunstantes
A mim só me bastava
Essa tua mão que me prosseguia
Quando aberta a porta
Que mirava a serrania
Tua voz se deu
Quase fugidia:
'Madruga aqui teu coração!'
Ah! o sopro ardente daquelas campinas
Durando um reino em meus calvagares
De morrer assim mais me fulgia
E da noite funda
Que tua mão movia
Vi raiar o dia"

Ele estava diante de mim
A cabeça pendida entre dois copos
Se soturno, já ria o que sonhara
E erguendo o cenho para a rua
De repente clara
Deitou sobre a mesa um patacão
E arranjou o talhe
Modelando a ária
Que o apaziguava
Assim, se virou para o passeio
Na coruta a boina
Aquela boina branca
Como a lavra fria
De uma lenta vela
Eu desatei: Para onde vamos, veredeiro?
Ele tornou: "*Ao Mirante, magano!*
À festa do Rivera!"

Ainda ouvi o Ventura bradar do bodega:

"*Aqui não é Queluz, seu moço!*
Arranja cá esses cacos, Troncoso

E esse vinho que pra lá se espalhou
Esse louco quebrou-me dois mimos
Dois mimos que mãe Noêmia me ofertou
Eram peças de um rito crioulo
Agora são só as chagas de um veio
Esses cacos que fagulham
Lantejoulas mediante o chão!"

Sequer me voltei para entender o que ia
Na contenda que o Ventura manejava
Ganhei a esquina e à frente o meu guia
Tirou a boina e saudou um prédio
Que ninguém mais habitava
Ali morou Antonio Marmo
Aquela porta fitou-me dolorosa
Aquela porta madrugava uma saudade
Ah, Maria, não sei como vencemos
Os trechos todos transpondo uma toada
Não me socorre mais o que solvi no tal Mirante
Adernado ali onde o Alceu guinchava uma rabeca
Quando acordei, o sol já ressubia
Para além de uma covanca
Uma renga de cedros me guardava
Eu mal entendia aquele pouso

Alvorava em mim uma só tonteira
Cerrei os olhos e o ouvi mais se propondo:

"Amigo, para lá é o vilório
Acolá é a solidão
Juntemos o que restou de nossa esbórnia
Vamos que este dia é contramão!"

Assim viemos, Maria
Bebendo esta sina temporã
Até este trevo adiado
Até esta gare malsã!
Breve e brusco, desfechei:

Apartamos-nos aqui
Nosso concluio em mim demandou uma agonia
Ele escutava neblina
O sol do exílio no olhar tão próximo
Seu rosto concebeu o gesto que as mãos buscavam
Num regougo, entestou:

"Não e não! Continuemos esse espírito
Semeando além o que guardou estes lugares
Vê! As ruas riem pedras loiras
A manhã suprema que nos deu estes falares
Prossigamos nossa lenta raia
Se fôra pena, esqueçamos!
Rejubilemo-nos outro tanto
Se brandas nos pareceram
E um tanto nos embalavam
Seus ocultos mares!
Fica comigo
E eu trovarei os caminhos que meditares!"

De pronto, retrocedi
Aquele homem só dobrava doidezias
O destino me servia ternura ou penitência?
Mas se aquela face me conjurava
Seus olhos me confinavam
Repudiei a adversa hora
Soou-me n'alma
A aura que esconde
As armas do dia
O que eu era então vingava uma porfia
Num desver, me apartei daquele trecho
Atrás de mim, os cedros regiam
Num golpe de luz, que extraí daquele enredo
Espraiei para além os alheios olhos
Uma andorinha chamou
Do lado de lá, era o timbre dos ferros
Um talento de trilhos chiando
Vindo o comboio na entranha da cerração

Eu me vi na rua do Lavaredo
Vivi duas roseiras e um rubro trinado
Caminhei um prelúdio
Varanda que me deu a paisagem
A lâmina daqueles ares
Lavrando-me o rosto
O tempo de sua passagem
Voltei-me para a gare, já longe
Um sonho que fosse, uma viagem
E ele lá, estático, afagando a palheta
Olhava e olhava, que vida falhada?
A via de meus esgares?
Um silvo cruzou o céu
Troou o trilho
E então a ronda de um rangido
Era o trem no trevo matutino
Trazendo as sombras do casario
A rua morria num bar
Meu coração gemeu bandolim
Como o sol calhou-me um luar
E o homem lá parado no ato
De compor um trejeito
E falando e falando
O que só o calar podia
Sob a arcada de pedra
E a veleta girando
A sorte que nos cabia
De repente, a névoa migrou
A vertente do dia
E o homem olhando
O que inda por ver havia
Demorou-se a fitar
A névoa que o cobria
Porém, a névoa contava
O que ele vendo não via
Meu coração cortejou
A distância que o consumia
Sequer acenei

Só o vi recuando
Feito a mágoa do tempo
Que ali o trouxera
E agora o levava
Pela mão da neblina

Ah! Maria, contente eu estava
Enfim liberto de uma tal serventia
Ente daquela estirpe só desgostava
Quando a manhã me trazia
Numa véstia de passeio
Lá estava ele
Ruando no meu rastro
Cercavam-me seus braços
Rindo as mãos que me retinham
Eram dois passos e o sol brincava em sua face
O inverno da grenha em desalinho
Ele escanchava os cambitos à minha frente
Vendo-me ali postado, vassalo de seu vulto
Só arfando a luz que a via oscilava
Para cima era a febre das fachadas
Morando as fundas faces naufragadas nos seus catres
Para baixo eram asas
O vórtice das folhas
Parindo a passarada
Os transeuntes volantes em voga de trote e névoa
Os talhes cintados, inexatos os traços
Dos rostos pendidos sonhando qual luz?
Que adiadas venturas daquela sina tão chã?
Eu reouvia um resto de rua
Um sobejo de gente
Em reza de frio
Os fatos trementes
Revindos das mãos viajadas de sol
E eu, girando, perdia
O que a vida cumpria
Naqueles olhos gementes
Extraídos de pedras

Gerados de feras
Surgidos da morte
E os muros, doideando, desciam
Aos seus pés repentinos
E, então, serenaram
No chão do destino

O meu companheiro, Maria, o Jacinto
Se postara à frente do fórum
E me chamou pela fala
Com que a vida me assombrava
Gloriou-lhe a fronte
Um sol que abismava
Um sol mais antigo
Dobrando as barras da bruma
No chão que lhe foi dado
Assim, escutei aquela voz
Durar-me o dúbio destino:

"Ó alma cega, não vês quem te orienta
Teu sol é esta rosa no meu peito
Meu peito o coração de uma florada
Por certo, me tens como histrião
O velho que envileceu tua mão guiada
Por um tempo de honras e pompas madrugadas
Que louco sou?, hás de dizer
Aqui celebrado por tantas serenadas
Não entreguei minha sorte
À tua objeta fidalguia
Não dei a alma
Para ajustar os teus conluios
Sou o olhar supremo
Que, sendo teu, mais abominas
Porém, outro eu sou
Sou quem dançou nas trevas
O esplendor do degradado
Cuspi o que dizias
Quando te cobriam as reverências

Que execrável o chão de teus gabinetes
Exumando o medo de teus dias
Sê como eu, a vertigem da luz
Essa estesia
De caves povoadas por luxúria
De subterrâneos guardados por todos os vícios
Sê como eu
O condão de corromper essa vida fútil
Que em ti deixou só esses traços de abadia
E te roubou o bálsamo de ser sem compromisso
Eu bebi de muitas crenças
Se traí quem me seguiu já pouco importa
O meu escrúpulo é não ter a quem render obediência
E ser livre a minha única avença
Meu coração não tem fronteiras
Amou a fé em que passou uma elegia
Mas sendo doido e só, já não sabia
Senão arder a alegria de seu lume
Se doido sou
Digam-no os deuses que hospedaram os teus dias
Para cada um debulhavas tua vida
Mas, se tua voz os alcançava
Tuas mãos mais os traíam
Eu não tenho deuses, nem pousada
Nem verdades que me ponham
Presto ou arredio
Nada busco e a ninguém pertenço
O dia aberto e a noite erguida
São-me o foro eleito desta vida
Por certo, me lembrarás Violante
Violante foi uma quimera
Manhã que me buscava de melancolia
Esqueçamos o que nos perde
Quero festejar esta hora
Avante esta hora que me inflama!
Fica aí com tua piedade de algibeira
Exercida ali onde, então, te incensavam
Permanece aí com essa cara conseguida de renúncia

Com essa cara súplice
Que pejo não teve de se arraiar nas ante-salas
Por uma mercê que fosse
Pela brandura com que se fingiu aquele que te paga
Por que não fizeste como eu
Que arrostei esta maldita sesmaria
Para escarnecer da mão com que punia?
Surrá-los eu não quis
Bastava-me o bastão de senhoria
Que trago sob a capa já sovada
Eu só ria o rumo que enganava
Os tais sabujos numa senda embriagada
E ria o ódio queimando aquelas ventas
Querendo a veia de meus gestos
A alta noite me escondia
A noite em mim sangrava noutro estro
Então empalmaste Violante, valdevino?
Ela sempre tão linda, de púrpura vestida
Com três lances de luz no colo de alvaiade
Com um timbre de ternura no olhar compartilhado
Deixemos de lado a vaga vã desse passado
O que sou agora é a roda acesa deste brado
Em que fulgura a tua vida
Negar-me sempre foi o teu desígnio
Eu não temo a morte
Teme-a quem não pôde a grandeza
De experimentar todas as coisas
Pois tudo é vida, a flama inexaurível
Inda que rujam os dias
E as noites calabouços
Ó inebriados mares que me perdem e me norteiam
Ó impossíveis sonatinas
Findar não me perturba
Eu que amo o que existe
Sejam chagas, precipícios
Afago a face fria
Que me chama além desta estalagem
Pois ela é o alvorar da outra margem

Onde estarei mais alteado
Quem aqui capitulou
Por não saber desdenhar as próprias penas
E desesperou da vida
Esse sim finou do fado
E se lhe traja a alma de seus dias
Nos olhos só se movem os signos da morte
Ah! que estás aí como um conviva
Desses ventres funos de enfado e cerimônias
Desses ventres demorados de empáfia
Garganteando vitela e vinho
E a vianda impalpável
Havida lá dos gabinetes
E que os tornou inatingíveis
E tu ali gorjeando as tuas vias
Lesto como ias dos lambris às galerias
Para cada qual cuidaste uma mesura
Soíam asas tuas mãos subjugadas
Desde o princípio me negaste
Eu, tua farândola diuturna
Os dez braços em júbilo na noite renegada
Por tuas horas insones sob o arfar dos cortinados
A noite sem termo, cujo termo é a morada
Que só as paredes te segredam
Eu sou a infâmia corrente e me ufano
Que me ponham a ferros se quiserem
Vomitei tua subserviência diante da platéia estupefacta
Insultei os dois que dali me enxotavam
Não me vexam os enxovalhos
Nem me intimidam esses punhos aliados
Pouco se me dá que me deplorem as virtudes
Que nos homens lidam como máscaras falhadas
De seus olhos alternados
Desses olhos que só não traem
O seu tempo entediado
Esquinas querem-me cão
E cão o chão meretriz
E nume as caves reveladas

Por três arcos negros
Pelo sangue da alvorada
Tu me vias qual o assombrado perdendo o próprio rosto
Mas era a ramada de meus braços
Bailando só neblina
Tu me vias findo
Conduzindo a grã canalha
Em que arde este caminho
Que tua noite conjurava
Sou reles sim
O ordinário com os guizos dessa sorte
Bebendo o breu de uma coorte
Que me sagrou seu estandarte
Sou o mais vil das ruas vindas
Pela fímbria de meus atos
Perdão não peço
Pois sou o móbil de uma só verdade
Perdão suplica quem carrega n'alma
O rastro ambíguo deste mundo
O eco de outras almas, essas chamas divididas
E calando o que a razão confessa
Confessa o que o coração não sente
Sou uno e só
A paixão dos lugares escusos
Que são escusos porque assim os vêem
Os teus olhos pusilânimes
Os teus dias trajados de medo e penitência
O teu ser açoitado pela culpa
Quando tuas mãos cintilam tua queda
Quantas verdades tens que te cravejam
A este lugar sem trégua
Onde quiseste a tua vida?
Não podias ser como eu?
Nada me escravizou, nem me feriu
Pois só fui a vida do que a vida em mim assinalou
Ser o excluído, essa a alva a mim servida
Não andei outros cuidados

Senão o vórtice mandado
Pelo sol que me viveu
Vadiei pelas ruas desta vila
Temulento como os faquistas de um abrigo
Abrigo foram-me as violas que arpejavam
Andei à mão dos proxenetas
Com três rameiras armei um carteado
Enquanto as cartas me enganavam
Que amoroso arrimo o crispar daquelas frontes!
Os traços tristes alterados por três naipes
Eu segui tantas falenas
Quando as asas em mim resignavam
Seu fulgor morrido e enfim surgido
Como a face andrógina que em meu peito repousava
Amanheci nos desvãos enevoados
Os muros davam mágoa, o giro da garoa
E eu ali transido e junho
Premi a gorra contra as cãs mal semelhadas
Eu ouvi minha voz numa florada
Gemi o corpo da hora enfeitiçada?
Ah! não, sempre serei o fogo que mais se aviva
quando acuado
Bradei os nomes daquele chão
Rodopiou a luz lá soterrada
Meus braços pelejavam estes ares
E então os vi se aproximando
Era a gente eleita pela festa de meus dias
Pararam diante de mim o seu tempo extenuado
E sorrindo a flor que os perdeu para esta vida
Uma flor deixaram sobre a gorra que eu trazia
E riram, riram até que o sol desceu meridiano
Então, se dispersaram pelas frestas de onde vinham
Ah! eu fui todos os ritos dessa gente
Fui a escória desta vila
O abjeto que bramou na cameada
A fortuna de não pertencer a nada
E a alma rasa com que o coração é livre

E aquela gente que bandalho te pareceu
Aquela gente que chamaste ignomínia
Quando os seus olhos, que não conheces, em mim se punham
Moíam mundo
A noite funda que os confinou
Quando baixavam
Em mim doía
Só a verdade que ali vivia
Como a vertigem de uma mirada
Aquela gente ordinária como viste
Reles como tudo o que abominas
Chãs como eu que, se desci a infame rota
Mais me fulgiu este estranho rosto
E tu que com essa cara dúplice
Já nem sabes por quem te ergues
Se por aqueles a quem bajulas
Para alargar o lastro de tua sorte
Se por aqueles que se fingem teus
E que, por teu legado, em silêncio auguram a tua morte
Desde a guarânia tu me negaste
Desde a farândola tu só quiseste
Transfigurada nos teus fracassos
Aquela gente cujo semblante melhor existiu
O que me viveu!
Ser-me foi a única doutrina que desdenhaste
Eu que não tenho peias ou compromissos
E sou a sarabanda do sol na capoeira
Tudo fizeste para apagar-me as passos nesta fronteira
Puseste esbirros no meu encalço
E outros tens já trespassados por minha sombra
Não me souberam esses que vinham nos teus disfarces
Quando eu então trovava estrelas
Num vão de orvalho
A oculta guia de uma sarjeta
Se me caçavas, também quis que te finasses
Para ser cabalmente esse teu rosto

Para viver triunfalmente essa morada
Em que erras qual um deus já destronado
Sem cuidares que era minha
E que de mim te havias abdicado
Ah! como embalou-me o ópio de te acabares
Qual o ator varrido pela vaia
Quando esqueceu o texto
E os gestos que o socorriam
Apenas riam
A treda trajetória de seus malabares
Lembras-te das festas do Mirante
E de quantas vezes tornamos
À bodega do Ventura?
Eu era tão feliz
Quando fôra tua a alegria de meus passos
Foi ali, sob as ventas do Ventura
Que se deu o grande cisma
Na cadência de teus traços
Verteste vinho no banco verde
Que nos servia mais recuado
Era tão rubra a mesa posta
Entre as palavras que nos quedavam
Então pousaste os olhos
Onde a luz menos feria
E a porta que o Troncoso abria
Para que nos visse e nos enleasse
A rua descida por um orquidário
Já nos dando a noite
De uma outra noite
Só a ti tornada
Resguardava as vozes
Que acaso tínhamos
Lá tão alteadas

Sim, bem o disseste
Era preciso a morte
Deste tempo que não foi compartilhado
Era preciso que eu, teu rinchavelho

Fosse calado
Eu, a alimária, o crápula, o vencido
Eu o precipício, o proscrito, o renegado
Porém, eu sou o teu mistério
Sou o traço essencial de tua alma
E é preciso que o mistério sobreviva
Ainda que se perca a criatura
E o mistério permanece
Ainda que a alcance o que a seduz
Mas sendo embuste o que queria a sua luz
Entrega-se à verdade que a entretém
Supondo perene
O lume enganoso que a conduz
Sou o clarão que em ti passou
Quando o transe deste mundo
Arrebatou as tuas máscaras
Sim, eu o decaído, tuas cristas desatinadas
Pelo assombro que estuou este momento
Eu o delirado, durando o dom desta divisa
Que te pôs tão exilado
Eu malogrei? Perdi esta vazante que me fez tão suspendido?
Não, eu sou tua ventura
O turbilhão onívoro avivando a faisqueira
Tu precisas de mim
Eu sou o teu timbre triunfal, o teu sol, esta infâmia
Sim, todos os homens são infames
Todos eles abjetos, vis, vis
Mas embuçam a vileza na astúcia de seu trato
Todos eles pústulas deste mundo enfermo
Deste mundo levado por suas mãos falazes
Deste mundo entorpecido que em seus olhos conta
O murmúrio de coisas corrompidas
O arruído de raízes nauseadas
Um rumo só, o imenso tédio
Quantas ternuras trajam suas faces
Que suasiva flama viajando suas falas
Ah! sempre o calado gume dessas caras

Os sulcos lentos repassados de blandícia
Tão serenos cimos, que passadiços!
Eu tenho erguido a fímbria dessas vozes
Eu tenho tido em minhas mãos
A cordura e a centelha dessas faces
Sim, bastou que o tempo desfiasse
Sua cota de impasses e tristeza
E as vi se entreabrindo
Como se fossem os panos de um proscênio
Descerrados pelo gesto descuidado
De alguém que, sem rumor, se retirasse
Deixando aos olhos pasmos de quem os fitava
A visão desses atores
Saídos de um libreto esquecido
E eles rindo rostos de esgares
Os trejeitos braços arrepanhando os ares
Dançavam loucos, volteavam pares
A sanha absurda da absurda ária
Sim, bastou um ricto
Uma estocada, um faiscar de cifras
Para que o volver do tempo
Empalmasse a véstia dessas falas
O véu impalpável que suaviza essas frontes
Os homens, eu os surpreendi
Quando os viveu sua vera veia
Aparei nas mãos confusas
As dobras de crepes que eu não via
Como quem recolhe, no solver de uma neblina
Só a rôta névoa que lhes serviu de fantasia
Os homens, eu guardei no coração os seus disfarces
Era inverno o chão que havia
O tempo dava o trevo e ressurgia
Cortejando o sol que o acuava
Então, as máscaras caídas
Danavam nas folhas secas
O chão que as dissipava
E ali as vozes prosseguidas
Ali o espocar daquelas faces

Viés e ventas afiando suas falas
O que vi estrugir de tais presenças
A ala fugidia de três fêmeas e uma negociata
A mão do logro manipulando os dias
O embuste acobertando as horas
De vingar quem lhes traía
As intrigas geradas no ventre da noitada
Os bastidores ao rés de uma jornada
Havida do vulto mais temido
Pela sala de atraiçoar quem não o quis
Como mentor, espia ou mandarim

Sim, os homens, esses que aí vão
Alteando as vistas para quem os espera
Com o olhar servil sobre a cerviz dos prontuários
Rimando as cãs quando solfam as cornucópias
Seguindo o que mandam seus poderes
Rufando as ébrias cabeleiras
Quando as honras contam seus destinos
Cuspindo a peçonha luz
Se os golpeou um olhar contrário
Era inverno o que rugia
Na muda mirada que os levava
Da muda soalha ao limiar de fidalguia
Quantos travos a guarnecem?
A distância que persuade pelo engano
O afastamento que constrange pelo medo
Mirada imóvel, de pedra
Que envelhece os seres que sitia
E coage, fere e subjuga sem proferir um gesto
Sim, os homens, a matéria vil desse mistério
Que foi mundo e falhou a voz da natureza
Eis que acolá afagam as crinas cismarentas
Seu volver é serenata
Quando deitam sobre a mesa
Os três sinais de uma propina
Eis que se voltaram como um repto
Os dedos em riste assinalando a sina alheia

O fim das faces revirando o vão das grenhas
Prenhes do fel de suas palavras
Eu vi a alta noite abrigar o que diziam
Vi a boca de um beco
Coruscar sob os botins já madrugados
Quando os seguiu o mercador do ouro branco
Depois, fizeram-se flor as escusas casas
Da hora egressa de uma cartada
E eram brincos, tranças e risadas
Celebrando suas grimpas obscenas
Sim, os homens, a perfídia de um tempo que não me apaziguava
Os braços da noite abertos de estrelas, descendo voragem
Eu bem os sabia
O cerne burlesco desta passagem
E tu, magano, que és a suma de todos eles
Tu que vinhas aí pelo passeio
Flauteando a bruma que o outeiro suspendia
Que notícias trazias
A este lugar contíguo à alegria que me acompanhava
Com as moças cantigas de um rancho já tresmalhado?
Que inverno te foram essas casas serenas
Guardando os dias que te guiaram?
Ali os transeuntes contando a foz dessas trilhas fumacentas
Acolá o comboio num guincho só
Que sobe sol feito flor de ramaredo
E tu aqui estás
Arranjando as linhas dessas mechas refrisadas
Esse traje te cai bem
Te cai bem essa risada
Tudo te cai bem
Exceto esse sol que em mim resvala
Esse sol que é só meu, a minha fala
E tu, com tua franja engomada
Com tua cara ambígua
Onde a concupiscência espreita
O que diz tua mirada

Tu com essas mãos soberbas
Que não confessam os golpes traiçoeiros de tua passada
Tu o mesquinho, o soez, o festejado
Gestor das companhias agrupadas
Sob os três nomes que te têm comissionado
Tu o piedoso, o diligente, o prosternado
Ante o deus que te assegurou duas comendas e a burra cheia
Sim, professas aqui o que negam os teus anos
És a sombra sinistra disso que te fez tão estimado
Quanta gente se arruou por ver-te aproximado
Da hora jubilosa para eles que, então, te acenaram
Ali retribuíste, abrindo o gesto largo que tanto admiravam
Essa gente chã te viu solícito, afável, inalterado
E, sorrindo o ar seguido, fingiste o teu cuidado
Ali desceu o teu semblante
Tuas palavras os cercavam
Eram vésperas do pleito
O mês trazendo a tua glória
Eles derramavam mais agruras
E tu, sobranceiro, numa quebrura de desvelos
Como soubeste ser tão próximo?
Como não vexar que te cultuem?
Tu, o caudilho dessas fugazes confrarias
Ali pedristas, além tão arredias
Tu que mandaste morte, afronta e invernia
A quem conluiou a tua queda
Não, não quedas nunca
Só quedam os que não alcançaram tua vida
Tu o comedido, o sagaz, o afiado vozear dos relatórios
Que legitimaram o teu vulto vitalício
Sob as armas toscas desta freguesia
Vê como te fitam os espaldares
Já crispados sob a peia do teu rito
Quem são esses à direita do teu grito
Três fantoches e um fantasma
Escutando as águas sob esta velha sesmaria?
Vê como te chamam as manhãs paradas
Com o clarim da festa consentida

Para que te vissem essas pedras já morridas
Sob o clamor de chapéus e gargantilhas
Sente como te beijam as ruas maltrapilhas
Vivendo os olhos dessa gente reunida
Defronte os chanfros de terra acontecida
Como a guaia de pinheiros já tombados

Sim, todos te vêem subido, augúrio, refinado
E por aí vinhas
Com esse cravo no casaco ensolarado
E então aqui chegaste com o ar jocoso
De teu rosto arisco
De repente antigo, de repente pasmo
Sequer imaginavas que eu aqui me arquitetava
Diante de teus dias
Eu sou a raiz que em ti sobreviveu
A corda que calaste
No ruflo em que ias
Tu, o passo insidioso desta vida rasa
O veio sórdido que a este mundo desvanece
Que queres que te diga?
Que me incline às tuas mãos ufanas?
Não, eu sou o teu negror, a chama, a tempestade
O dom mais alto que se esconde
Sob o traço jovial de tua cara
Daqui não passarás
Não deixarei que se perca a nossa hora
Descendo a névoa que nos tem tão apartados
Fita-me no rosto
Só a mentira conduziu-te a voz velada
Pelo proveito que te trazia a cada pacto
Só consumaste o labor de uma andaina
Se acaso vias o lampear de três vantagens
E assim fizeste o teu lugar
Com um deus em cada canto em que fiavas
As tramas onde vão teus interesses
Não é teu deus esse que ontem professavas
Ante a cruz que lampeou na tua face
Os teus deuses estão lá nas tuas salas

Cantando a senha que impôs teu valimento
A tua culpa, e esta te custará a alma
Não são os haveres que te entoam
Nem os homens de quem te serves
Nem o fato de bajulares aqueles outros
Enfiados nas casacas das comendas
E sequer as estocadas de que te valeste
Para empunhar esse prestígio
E sequer a concupiscência e a crueldade
Que te acompanharam no recrudescer de uma
pendência
Tua perdição é o engodo
Simulação a tua culpa
E falseaste em tudo
Para que amealhasses as reverências
Desses pares empertigados à tua frente
Para eles, rendeste a alma
E só querias mear teus dias
Com a negra véstia de tais senhores
Que pantomimo me saíste!
Basta de tanta farsa!
Não te peja gargantear a gorra
Que te vai no topo como uma estirpe?
Nada mais te pesa nesse peito nédio
Onde foram cravos as mãos das concubinas?
Dói-te, acaso, a luz que não te cobriu
Porque quiseste o mundo que mais me feriu?
Eu sou tua verdade
O lugar que abandonaste
Pela fortuna falaz que te cumpriu
Sou o teu único fulgor, a alta rama
Que roça estes céus tão divididos
Sim, por certo o dizes, sou vil e tresloucado
A infâmia quis a escória em que hei tornado
O vício residiu em minha cara
Só me serviu a gare enevoada
Andei com a bandalha que carteou na bebedeira
Por três morenas e um beco enluarado
Os capoeiras me chamaram

Mas era dança o rumor de suas facas
Já vivi da mão alheia
De bar em bar como a sorte convidou
Muita féria embolsei de um bom baralho
Se era esbórnia, mais me aprumava
Como o menestrel das fêmeas decaídas
Nada me nublou que me houvesse recolhido
Um coito de pedra ou o luzir de uma sarjeta
Em tudo fui límpido, soprano, verdadeiro
Jamais falseei meus sentimentos
Meu coração é isto que o sol avança e a noite tece
Rindo corrupio
Ontem, estive no Recanto do Gavião
Deixei aos estropiados de lá
Aquilo que na mala ia
As malhas, as chinelas, a melodia
Que o João Gofredo estradeou num madrugar
Não me interessa o que a outrem foi prescrito
Nem o que regeu cada morada
Amei o sol com que me soube a caminhança
Se veio a noite, andei sua cantiga
Sejam trilhas tantas braças de geadas
Que o tempo escolhe para ir nas campeadas
Para que o saúdem quando forem atingidas
Essas veredas que o verão já refloridas
Sejam bruma os prédios recuados
Recurvando as ruas que adiante são outeiros
Sejam bruma os transeuntes aqui parados
Por que os cubra um sol mais abrandado
Eu vivo o que manda a natureza
Ser feliz é minha faina
Rir me foi esta morada
Sei que me desprezas
Mas ninguém atalha o meu destino
Não sou servo desses tiranos abstratos
Já despertos nas salas que te guiam
Nada devo aos teus pares, aos teus passos inexatos
Se os tiveram os lugares mais solenes
Posso fitar de frente o que me vem à vida

A ninguém devo obediência
Se compromisso tive foi a moça meretriz
Sendo o meu peito então enfeitiçado
Sim, desdenho o que te vai no olhar cediço
Desdenho o teu mundo, a via escusa que te tem
amaneirado
Nada como os teus sabujos me seguindo
Nada como as tuas noites me acuando
Que rodopio os muros transtornados
Pela visão de meus braços rindo!
Que alegria prosseguir na ventania
O rosto livre e o coração estimulado
Por essa gente de minha companhia
Galgando as noites à mão de baile e carteado
Quantas manhãs estas ventas embriagadas
Querendo a madrugada com a toada do Mirante
Esta a vida em que me hei movido
Melhor me soube ser ordinário e vil
Que dissipar os dias mentindo o que me há volvido
Preferi ser boêmio e degradado
Que andar metido nessas roupas de preço e fidalguia
E alçar a cara servil por uma cortesia
E calar a voz febril
Quando a hora feriu uma estocada
E ter aos pés o mundo quando a fortuna vinda
Raiou das falas segredadas
Sim, que eu seja das sarjetas, das luas desta vila
O afã do logro não se alteou em minha lida
Eu sou a verdade que traíste
A vida que tens espezinhado
Pelo brilho altivo do teu olhar entristecido
Pelo vão triunfo do teu mirar angustiado
Eia lá, ergue a galhardia!
Eia, gargalha este júbilo!
Vamos, saracoteia a minha laia!
Sou reles e desprezível
Porém, o mundo não arrebatou o meu trinado
Sou dono de meus dias
Disponho como quero as minhas noites

Não, jamais poderás ser como eu
O rés da vida desatou as nossas raias
Nos separou o estro que te soube uma mortalha
Que doida lira o trevo que nos talha!
É preciso que eu te afaste do meu flanco
É preciso que eu te expulse do que ando
Não te comporta mais a face com que temos sido
Não posso mais teu martírio espectro me espreitando
Seja aqui o termo de um segredo
É vinda a hora da foz desta viagem
O sol traçou ali a fímbria do teu fim
Não me fale mais de Violante
Ela foi o abismo de um instante
E já morri o teor de sua face
Passa de mim essas quimeras de solar
Que, se vivi, foi um golpe de saudade
Se pena foi, um lugar que feneci
Então, existi por tantos anos tua farsa
Ah! quantos anos de embuste e desengano
Enfim, derroguei, venci, aluei
E me tornei este tempo de triunfo e estesia
Repara nestas barbas branqueadas
Tão mais vibrantes que tuas grenhas compassadas
Eia, a corda crescente de meu estro!
Eia, o veio fremente desta voragem!
Sim, é preciso que te acabes
Pela fulva ramada de meus gestos
Eia, safardana!
Apara este lampejo!
Recolhe na peitarra este punhal!
Chunfas que me entorno o laraiá desta chegada
É já! Segura esta ventana, meu passado!
É o vão avante! Rááááá!"

Vê, Maria, o que pode o desatino
O velho acontecendo ali a fúria da mão erguida
Pelo gume de um punhal
O rosto um rubro só
Sob as estrigas falhas

Eu recuei dois pesadelos
O talhe dobrei num rodopio
Vi a névoa soar no chão
Era a guarda matutina
Dois galalaus e uma surdina
De sol e cassetete
Eis que o travaram num ruflo das mãos trançadas
E o empalmou o giro das algemas
A bruma avançou de novo
No corpo daquela cena
Mal vi o chanfro dos braços
Nas dobras da viração
Só ouvi um muro surtindo a arenga nervosa
Dos que então me miravam
Num veio de luz
Eu já nem sabia a direção de meu dia
O sol recresceu quanto mais sucumbia
De repente, o velho volveu o rumo da agonia
O rouco brado assestado em mim:

"Ainda passarás, canalha!"

Já era tarde, Maria
E eu subia a sebe que entrega o dia
Ao trevo que move a noite
Vi o outeiro descendo
O séquito de uma florada
E o céu num vago azul, escurecendo
Pela vaza de luz mais afastada
Ao solar cheguei, já alquebrado
A janela pestanejava uma sombra
Que na manhã era cedro
E na tarde a guardava
Que transe aquela porta!
Que exílio as minhas mãos na amurada!
Na casa ninguém me esperava
Parei no vestíbulo
Tirei a túnica que ia ataviada

Com três rosetas nos punhos alargados
Uma jarra jazia num canto outrora sido
A flor de vidro e a chama chã de um lampião
Passei à sala
À grande sala onde meus olhos naufragavam
No castiçal, no reposteiro, na ária que eu escutava
Quando o Juvêncio ali estava
Sob a gravura do ramalhete
O Juvêncio, lá vão duas semanas
E o baile de máscaras nem começara
E a ária viajava os rostos
Como a lembrança de meu braço posto
Na madrugada das mãos feminis que me retinham
Isto sucedeu há tanto tempo!
Abri o cortinado
Como quem queria as vozes dos convivas
Rindo a ronda do Eulálio
Ao redor da sarabanda
Era o rodar das tranças morenas
À volta da tal Helena
Que, amuada, não quis bailar
Mas agora o salão é só esta noite tão pouca
Ouvindo o meu peito
Sob este traje roto
Volvido de orvalho
Então, alcancei o corredor
Acionei a chave da pedra estriada
O lampadário sangrou nas paredes
Como um golpe de alvorada
Me voltei para o espelho, Maria
Para o espelho central
Que mais dois desciam ao topo das candeias
E me vi ali surgido
Como o gestor das comendas
Ou como o mestre da cortesia
Eu dispunha da Companhia
Conforme os negócios me semeavam
Eu, tão pertencido, quiçá gloriado

Pela insígnia da confraria
E depois das senhas dormidas
Aos pés da coluna lavrada
Era a liga dos mascarados
Seguindo a hora do vinho
Que roçou a madrugada
E eu vestido de faia
Na cabeça o chapéu de belbute
Chorava cravos, sorria
Num canto ébrio da sala
Por uma viola-de-gamba
Lembrando quem me traía
Vindo o rondó, eu me erguia
Ao lado do ramalhete
À destra de um talhe esguio
Entre as estátuas de gesso, seis pares giravam
Cinco eu não conhecia
O último moço era Olaio
A cantiga "Lenora" dividia o cenário
Ferindo o cordão dos mascarados
Era uma valsa ou já era dia
O vulto que me acompanhava?
Isto foi há tão pouco
A jusante do inverno passado
Eu remirei o meu rosto, Maria
Aquele que no espelho encontrava
As negras pestanas, o aprumo do penteado
E, então, vivi o dom de um segredo
Descer minha face que ria
E vi meus traços se contraindo
Numa contenda de rugas e estrias
Que alcançou a dobra do queixo
A fronte arqueei
No vezo de um mal suor
Um calafrio me trespassou
Ouvi o sussurro das têmporas
E os cabelos revoltos
No alto do crânio

Já não tinham mais friso
Só davam vertigem
Ladearam mais finos
Como os queria meu pai
Meus cabelos branqueavam, Maria
Uma mecha caiu no tapete
As barbas cresceram
Três pontas encanecidas
Espiavam o chão
Guiei minhas mãos
Às guias da guarnição
Meus lábios transidos
À hora que eu não sabia viver
Regouguei estupor
Ele estava ali, Maria
Sim, o velho que há pouco queria
Conjurar-me com a fúria descida
À ponta de seu punhal
Dele era o rosto que o espelho danava
No rosto que eu perecia
Sim, Maria, aquele ser nos meus olhos
Luzindo o que em mim flagelava
Afaguei a grenha já tão prateada
As barbas e as cãs demoradas
No corpo mais alçado da luz
Solucei um tremor?
Debruei uma névoa?
Ah! Maria, não sei quanto tempo
Aquele condão me cobriu
Permaneci ali o augúrio de uma agonia?
A face decaída
Não a mirada gaia e vivaz
Com que ele se prosseguia
Gesticulando na névoa
A fala que de mim queria
Não o rosto feroz
Volvido da alegria
Que lhe era esta vida

A voz da noite pedida
À lira das carteadas
Não, Maria, era dele o rosto que eu erguia
Ao espelho melhor guarnecido
Mas meus traços traíam
Um quê de dor e quebranto
Creio que no chão eu me via
Ou a noite havia falhado
Nos meus olhos pousados
Na luz que me suspendia
Me voltei para o espelho
As mechas brancas mal alinhadas
A fronte já tão vincada
Doeu-me o gesto que se me abriu num pasmo
Atrás de mim
Feito o assombro da luz
Ou a flor do sortilégio
Era Violante que eu via
O mesmo rosto de outrora
As tranças no rumo de um riso
Os olhos que me afagavam
Eu me virei num recuo
E alcancei seus braços parados:

Violante, Violante, que fazes aqui?
Já quantos invernos tiveram
O lugar que te foi destinado
No flanco do cerro contíguo
Ao relvado da moça manhã
E os cravos aos teus pés deixados
Diziam a pedra que te cobria
E fulgindo a hora que te perdia
Viajavam nos olhos parados
Daqueles que te assistiam
À volta de teu ser encimado
Pela cruz de cedro lavrado
No topo da cantaria!
Que fazes aqui se já morrreste?

Ela me fitou mais serena
Meneando as tranças douradas:

"Ah! Jacinto, não te amofines!
Eu vim te buscar!
Hoje o baile é na casa de Helena
A casa que a ela coube
No poente da província
Que, acaso, não conheces
Lá Rolando e Anaia nos aguardam
Ainda moços dessa mesma sesmaria!"

Palavra nenhuma eu tornei
Tomei seu braço trazido
Por um vestido enfeitado
Por três rosetas de fogo
E um colibri encarnado
No alto do linho bordado
Nas bordas do punho estreitado
Assim atravessamos todo o solar
Descemos a escada flanqueada
Pelos cravos que o inverno deu
Aberto o portão da amurada
A noite nos recebeu

XIII

Hoje me colhe o sol
Entre as paredes brancas
A que esta mesa me condena
Que me avassalem estes papéis
E o olhar que me sitia,
Uma alegria diversa
Canta nos meus gestos
É o sol da Abernéssia
Esculpindo a dança dos pinheiros
E o corpo de névoa
Que veste os cedros
E a voz cigana
De um pregão de rua
Que me governem as ordens do cotidiano
Eu tenho esse sol da Abernéssia
No rosto livre
E a estação Viola
Como sereno ofício
Se o espírito move aqui
Os códigos desta mesa triste
Esperam-no lá fora
As falas do vento
E as faces dos dias
Trazidos do verde e da pedra
Lá fora é o tempo profundo
Como as horas rumam
Só rumo de andorinhas.

XIV

Me vejo neste rosto torvelinho
Meu tempo passou depressa, uma toada?
E o mestre, à frente daquele madeiro
Na capela lá de longe, perdida
Mostrou-me as mãos derradeiras
Que eram cravos, sobrepostas
E se tudo diziam
Apenas viviam o trágico sol que as recebeu
Isto se foi há tantos anos
Por tantos anos os veios daquele sangue
Moveram as noites que me moviam
E como noite feriam
Até me prostrar o extremo cansaço
E vindo os sonhos volviam
Ao sangue da ante-manhã

Aqueles veios vieram paz e destino
Mas eu tão menino
Só perguntava a tristeza
Que ia naquele fulgor
Então, deu-se o tempo de cunhã Maria
E deu-se o cedro a jusante da via
E eu soube que o sangue volvia
Daquele rosto da capela tão longe
No coração da guapira
Aquele rosto transfigurado nas veredas do dia
Nas mãos conjuntas da noite
Descidas ao chão que me ia
De estrelas na face arredia
De cantiga no coração que eu dormia
E nem sangue era
Porém os clarins que eu ouvia

Durando a hora do mundo
Aquele rosto parado
Diante de tudo o que havia
Raiava do chão, raiava das gentes e das casas
E nem sombra existia por onde passava
Por onde passava o milagre da natureza
O teatro que fosse quando
Em derredor da alegria
E assim era qual uma cantiga,
Dessas que só cunhã Maria se lembra
Ao pé da noite, o rol dos versos renascendo chama
E a melodia tecendo a trama
Da antiga madrugada

Mas quem sou hoje senão a negação de tudo isso?
Me hospeda este lugar vencido
E sofro os arúspices deste tempo louco,
Que me pensa de uma mesa de controle
E assinala-me a vida
Com as fábulas dos dígitos
Mas só assim poderei viver
Nesse transe de números
Cujo sortilégio signou-me a face
Já não é meu o meu querer
Mas se é só meu, mestre, este tempo que te afasta
Só em ti eu quis luar
Esse lento endoidecer

Ah! esta noite afagando-me a fronte
Com a nota triste
Deste cântico parado em minhas mãos
Abro a janela
E o ruflo de estrelas céu acima
Ah! Mestre, recolhe-me
Desta hora que me dispersa
E obsta a voz de te chamar
Mas se essa fala morreu

Ouve apenas a voz
Isto que em mim sobreviveu
Essas cordas cavas
Erguidas quando passavas
Mas só eram flores
Do chão que me moveu
E se aquém de ti tu me deixavas
Eram só a doida lira
Do que pôde a vida
Que este chão me prescreveu

XV

Soou o trilho da Parada Viola
A manhã desceu feito asa
Sobre pedra raiou beija-flor
Cresceu a hora da loja de alfaia
Abriu-se a bodega do Antão
O casario grassou cerro acima
Conforme o dia toava
Fitei o veio de gente névoa mediante
Ali a Maria Caldeira, o Fulgêncio Ló
O Quincas Piúva e os cedros semeando três
Sendas pertencidas à velha boemia
À saúde, às instâncias, senhorias!, saudei
Alargando a fala
Então, passei ruminando rumo, exumadas memórias
Esses ali e aquela chusma de almofadinhas
Gente parva que a mó do mundo vergou
A bandalha da vila
Tantos anos guardados
Por este chão que me escolheu
Bem me lembrei, esses pulhas e os outros todos
Que se riam de meu andar enviesado
De meu rosto arredio
E eu, ao pé do muro
Mirava as pedras do caminho
E a boina nas mãos movidas de agonia
Só o vexame me soube sob a chuva fina
Não eram eles os reis daquele tempo
De meu tempo silenciado
Por suas casacas luzidias?
E, então, foi o baile
O maldito baile dos chapeleiros
Eu com o traje puído

Legado de gente que nunca vi
Eu me ergui num trecho errado da sala
E já uma roda me cercava
Que louco ser em mim se assomava?
Porém, eu só queria cantar ponto de jongo
Ou a balada da moira para a Maria que eu amava
Quando fitei as traves da arcada
Já minha voz se alteava
Com o brando bordão do Baeta à minha frente
No engenho das primas da viola que empunhava
No segundo verso a voz amealhou um travo e
rouquejava
Então, o mundo retrocedeu
Tudo o que havia era só a assuada
Ah! o uníssono das vaias
E eu pregado no chão da tal canalha
E eu esvaído ao rés daquela raia
Vomitei a alma
Tonteei meu vágado socorro
Os olhos repisados trafeguei erroso
Traguei, num sorvo, o fel que em mim atuava
O ar me pouquejava no peito uma punhada
Recuei um eito de gargalhada
A hora valeu-me légua de soberba
Subi abismo, periguei a cumeada?
Com a mão inusitada, abri a braguilha
E brandi desagravo:
Aqui, filhos da marafaia, o meu rompe-gitana!
Aqui o bingo-crioula, o sabre brioso de um cidadão!
Assim foi, e o rasgo daquelas caras espraiando pasmo
Era o reverso do ato
O airoso cerne do que eu destinava
Meu quinhão de alforria
Então, o mundo me guardou surgindo
Do meio daquelas sombras falhadas
Qual o Timba temeroso
Na glória de seu trinado
Ah! Sinhá Cirana, vosmecê não se agaste

Eu garimpava as más virtudes
Tremeluzia, senhor de mim
Eu conspirava a minha luz!
Isso decorreu há tanto tempo
Os anos cresceram nestes braços
Deram facho e rota
Arrevezadas margens prosperei
Meus caminhos se fizeram noite
E ora espiam branqueando os meus cabelos
Ah! foram-se os ares que me viram vil ou amoroso
Meu coração esse fulgor de cicatrizes
Vésperas do Coronel Domiciano
Época em que vosmecê nupciou
Com o possessor de um quase latifúndio
Desse só ouvi as reverências
Com que o povo à sua porta madrugava
Desse só se me avultam na memória
Desencontradas profecias
Porventura, ele augurou
As faces de minha porfia?

Vossa pousada era longe, Sinhá Cirana
E eu, já moço, lá apeei minha alegria
Mais além, a capoeira se abria
Com o vulto de um vaqueiro contra o olhar da serrania
A tarde se turvou por quase antiga
Havia o mastro de aroeira e o estipe que em mim doía
(Dois negros ali sangraram
Por preço de um motim)
E, adiante, tramando outro silêncio
A tulha me regia
Ela estava ali, rente o que eu pressentia
A Téia, enteada do major Salomão
Hoje, mal alcanço o estuar daquele território
Ela me conduziu pela esconsa via
Por entre sacas da seara finda e selas de montaria
E cantou em mim o corpo que a desatinava
Fulgurei naqueles precipícios

As altas demandas de um dia
Ela disse as faces que escondia
E caiu a luz que eu subia
Já não escuto o romper de tal aurora
Que concedeu a estas mãos o seu segredo

Pouco recordo de vós, Sinhá Cirana
A última ocasião, noite fechada
Era a novena de abril
O tempo troou lá fora
As grimpas de todos os ventos
Esgrimindo grulhas
Na guaia da galharia
O céu se partiu
As águas possessas do mundo
As vagas do surdo clarão
Campeando a vida que havia
No assombro do chão
Gemiam as cumeeiras
A parede fronteira estalou
Ou foi um fantasma que me chamou?
Trazíeis um terço na mão incerta
Um salmo vossa voz me enviou
Então, vosmecê se assentou
No centro do canapé
Vosso olhar parado que um nublo desditava
Buscou o lampião que me confinava
Por seguir, só dissestes:

> *"Fique aqui, menino-lua*
> *A insônia torvelinha-me as idéias*
> *Sucede em mim a nostalgia derradeira*
> *O fim me estremunha?"*

Ah! Sinhá Cirana, quantas décadas consistidas
Neste olhar que vos divisou tão derreada!
Quanto estio sucumbiu nestes caminhos
Tudo parece consumado de sonho

Ou o manejar dos pesadelos
Ainda ouço vosmecê inerte na alcova
Padecendo o quebranto de luar minguante
E vosmecê, no sestro de soerguer a fronte
Por ânsia de remirar a candeia
Como se lá estivesse vosso morto marido
Eu ressofri vosso ser desencarnando flor
O ronco do peito cavo
No entrecho da luz fraquejando
Sobre vosso rosto que ria
Que esgar de delírio
Por surto da tal agonia?
Em minha memória
Quase tudo se perdeu
Só me ficou daquela quadra
O dom que antecedeu
Vossa última guarida
Vosmecê suspendeu o cenho
Como se dia fosse
E o sol mediasse o vão da alpendrada
Então, vosmecê produziu
A fala que me punia
O braço que comandava:

> *"Ô Desidério, não judie assim da preta Léia*
> *Ela é de alforria*
> *Esse açoite dói dois pelourinhos!*
> *Ô Desidério, cadê os patacões de teu pai?*
> *Quando os bordões que cantavas*
> *Virão me buscar?"*

O tempo parou escarninho
Calou o que meu coração já sabia
Por fim, desatou seu prodígio
A hora de alvor se aviou
Era o rasgo do dia
Rezei uma réstia de sol
Então, vosso ser expirou

XVI

Eu quis celebrar a vida
Cantei algures a ventura de ser mundo
E de abraçar os dias
Eu tinha os símbolos
E os reparti por onde andei
Por fim, a tarde me alcançou
E os símbolos feneceram
Hoje, carrego estes gestos tombados
Sob os ritos com que me perseguem
Os senhores desta vida
Hoje, andei a rua toda desta vila
E se encontrei três transeuntes
Nos fatos de sua faina ordinária
Já não sei, só o sabe o muro branco
Que se nos fitou, mais meditava
Vim ter a esta mesa perene
A esta mesa de máquinas
Que manipula os meus gestos
Hoje, também quis celebrar o que existe
Mas o que existe são estes mitos onipresentes
Que cegaram-me as mãos
Esses seres-vídeos e esta mesa
Esses timbres metálicos
A aura agônica
Dos senhores desta vida
Eu trouxe violetas
A este dia sem dia
A esta hora sem sonho
E as deixei
Sobre a saudade da estação Viola
Por onde vou
É esse olhar vermelho que me persegue

Se caminho me resta
São esses da sombra
Postos diante de mim
Subidos à vaga vã de meus pensamentos
Se brado os meus signos, respondem:
Somos a artéria do mundo
Se ardo rimas
E a ode tornou-se o fim
Se ufanam:
Somos o Infinito!

Ah! Passem daqui esses deuses
Eu só quero ouvir
Os comboios da Abernéssia
O silvo noturno
De seus condutos de névoa
Eu só quero viajar meu Villa-Lobos!
Ah! Meu coração-calabouço
Os símbolos mortos
Dormem a aurora
De teu navegar

XVII

Não sei que sinais trazes nos olhos
Para me dirigir,
Herdei a tristeza destes irmãos já tresmalhados
E me suplicias a um erguer de punho,
Quem és que me avassalas
Com tua sombra?
Não aprendi teu nome,
Não ouso fitar a paz que acaso tens.
Se me dás o cálice de vinho,
Ordenas abster-me da vida.
Na Praça de Santa Marta
Sorri a casa branca
Perdi os passos para a escada
E tua lembrança me apedreja.
Quem me protege
De não me deixares florescer?

Era a casa branca
Da Praça de Santa Marta
Quem cantava lá a viola de Queluz
Nada sabia de mim
Mas afagava-me a fronte
E me apaziguava
E se abria a janela, fazia-o por me fitar
Eu escutava o meu nome
Volver num entrecho de rima
Vivendo aquela voz tão menina
Eu só guardei sua sina
Nos olhos guardados de dor
Trazidos do chão
Ao coração da neblina
A casa da Praça de Santa Marta

Não era longe, nem perto
Era apenas a moradia
Do destino de Maria
Tão menina melodia
Que meu coração viveu
E eu só era um passarinho
Sangrando o céu
Que aquele céu não quis raiar
E eu já era o morto
Porque eu, então desperto
Só morria aquela luz
E então maldito, e então cegado
E eu já era o louco
Coração perdido por aquele olhar

XVIII

A imaginação com que sinto
Doeu o amor que eu quis doar
Amanheci nos teatros da vida
Venci os meus dias
Com a matéria rota
Desse amor por outrem
Se de outrem me acerquei
Com ternura de voz
Nas mãos não serenadas
Colhi escárnio
No chão por onde andava.

Não consigo dormir,
Minha cabeça não cessa de pensar,
Pudesse volver à serrania
Um olhar que fosse mais sossego!
Aquieto-me à hora solene
De as três meninas
Irem em mim o arco-íris.
Miro os campos por onde fui
Entre Queluz e uma seresta
Mas a hora é pouca e envelhece
Os campos recuam
Soa o tempo desta mesa
Tombam-me os pensares
Sobre os papéis que agora trago
As velas indormidas
De navegar a noite errada
Bati à porta, recebeu-me um menino triste
Com a boina na mão crispada
Enquanto a outra pensava
Meu olhar desorientado:

Vim de tanta casa,
Sou o míope destrambelhado,
Resgato com o meu canto
O olhar que me denuncia
E ele sorri para mim seu sorriso velho
De mensageiro de algum ensinamento
É outro o rumo que me deram
Quem me conduz por essa lida de passos
Com que sou desassossego
Venha alguém ser amoroso comigo
Venha a grei da Abernéssia
Dar-me uma guarida
E uma guarânia de Bourbon
Que me chore esta vida
A vida que chora em seu bordão

O mundo me chama
Minha cabeça é o sol de seus ruídos
E esta noite lenta
Movendo em mim
Suas horas comovidas
O mundo me chama
Mas esqueci o sol de amanhã
E não há mundo
Só o espaço alterado em que vivo
Com estas lágrimas no peito
Com os atalhos que me conduzem à madrugada
Com o talhe arrastando a bebedeira
Arpejo a viola que havia ao lado
Estou lúcido, canto a vida
Bailam os ranchos
Nas cordas de meu coração,
De repente, a viola se cala
Os ranchos se recolhem
A um impossível poente
Este momento não é meu
Este momento é da Abernéssia

Ensinar a quem passa
O fôro de suas neblinas
A noite me prossegue
Náusea de estar
Perpetuamente em disponibilidade
De não ter vínculo com o exterior
Nem parentesco com coisa alguma
Ou nexo com o que estou a viver
Angústia de pressentir nas coisas
Algum sentido que não se manifesta.
Afastem para o outro lado da mesa
Toda essa escória de pensares
Deixem-me entender a música perdida
Do que existe
Avalio o chão
De minhas estéticas estioladas
Trajei todos os gestos
Estive cigano e sarjeta
Se rocei perigo, faltou-me o nexo
Se o estro toou, consumiu-me a aurora
Fico aqui com esta noite nas mãos
O que lembro são os trechos de quem fui
Fulgindo em meus atos
Nada tenho para mostrar ao dia
Só levo no rosto o golpe dos fatos

XIX

Vai ali a Lia Dilina
Sobraçando a capa que o Lira trocou
A capa cintada e o aguilhó
Por uma braçada de cravos e três dinheiros
Lia Dilina
Ah! Sim, a filha da Honorata
Vinda ao mundo
Na rua do Trovador
Ali vai ela, tão serenada
Afastando as paredes de névoa
Onde os muros meninam
E os cedros fiam nas pedras
Os talhes mal revezados
Os degraus da Parada Viola
Buscam-lhe as copas crianças
Juntas de junho para uma ciranda de asas
Que o sol abriga
Pois sendo cedros e passarinhos
São apenas esses pequeninos
Com os saios rosados
Rindo ramos e pedras
Os rostos rodando a lira
Que o chão recobrou
Ah! Esses pequeninos
Que as porfias do tempo ainda não resvalou
E então são cedros e muros em debandada
Que a névoa volvida
Ao pé da hora deixou
Lia Dilina entre eles passou
Fitou-os sem ver
Porém, reparando em tudo e em nada

Porque a vida é só a vida
A outra margem que o dia alcançou
Ela então entoou a parelha-de-Queluz
Atravessou as divisas do Tarabã, o tranca-ruas
Pôs a correr dois maludos que a cercavam
Mais um bar e três silêncios e no crepúsculo entrou
Era o arco do outeiro moreno
Doeram-lhe os punhos e a noite pestanejou
Em seus olhos moendo cansaço
Lá embaixo, guinchou a ferrovia
Lá embaixo, só as quietas ruas de ontem
Dançam rumor
Movidas, como ela
Pelo vício inconsciente de viver

XX

Nos cumes de cravos da serrania
Torvelinha a ventania
Morre o chão de saibro
Quando é só tiriva
A aba sul da penedia
Quando os cedros
Errando a direção das horas
Anoitecem sob o sol sereno
E o pensamento peleja precipício
O negro quembembe contra a luz mais recuada
Dando o prodígio das faias
Essas faces espantosas de escárnio,
Esses braços tristes e descidos
Para um córrego imóvel de música,
Outra encosta esconde os seus dias
Ao rés de uma morada
Que viu o Saturnino
Sangrar a concubina
Pertencida ao tempo de frei Salomão
Adiante dali sobe o vulto da neblina
E um trecho de ribeirão golpeia vozes soterradas
Abaixo é a Vila do Finório
Errando a insone seara
Seu tempo de gestos verdes
São esgares verdes e torturados
De casario informe e vielas hirtas
Onde rostos grotescos
Olham para o nada
Feridos de vida, perdidos à fala
Silente das possessões
Casario pobre feito de tísicas reencarnadas
E de madeiro corroído das intenções humanas

Na extensão toda das vertentes de febre
Estatuído como uma fronte esfaimada
À espera do Juízo
Acima das geadas havidas
E dos céus repartidos
Que semeiam essas almas
Vagidas do chão viajado
Pelos olhos já então raiados
Nesse tempo parado
Nessa instância de quando
O abrigo contíguo
À mirada de seu morrer
Sim, a albergália de pedra
E os catres de achas
Que a sombra da morte sinou
E os olhos ali silentes
Movendo o nada de seu mistério
Se volvem da hora que o dia negou
Se volvem do frio e da flor
A flor da sina, feito chaga
Feito o fecho de um delírio
A porfia sem gesto
Desses rostos sem nome
Abismados no tempo
Que este tempo gerou

XXI

Mulheres negras ou teutas
Paraíso que não atingi
Que prazeres desconhecidos
Teceis para mim?
Mulheres todas que possuí
Entre as paredes vencidas
Das alcovas desta vida.
Como aluí convosco
Em tantas noites erguidas
Além desta paragem
E vos apertei contra o corpo falhado
E gemi vossa ausência enlouquecedora,
Como pensei em vós todas uma a uma
E senti depois a angústia incomportável
De residirdes em minha imaginação
Que conhece os caminhos
Dos sóis escondidos que abris
Às mãos de segredo que estendi
Para vos tocar
Mulheres todas reunidas ao ritmo
Que em mim ardeu perdição
Quantos imperadores
Me concebi para vós
E como me humilhei
Para eternizar em mim
O instante supremo dessa régia passagem
Em que, ébrio de vós, me alcancei
Por saber que da vida nada mais resta
Que a luz vertiginosa

De vossa entrega física
O frêmito totalizador e irreal
De vossa substância
Humilhei-me assim perante esses olhos
Que me bebiam de azul
Qual a sonoridade instintiva
Em que a razão baila a secreta estesia
E adorei prosterno
As coisas em que pousavam
Beijei a imoralidade que sugeriam
E as ruas suspeitas, as casas noturnas
Os deuses antigos
As encarnações futuras
Amantes que eles diziam
E o chão feérico em que me despiam
Quantos escravos fui de vós
Só para sentir em mim
As mãos insanas de vossas carícias
O fogo dançarino
Que me celebrava
Quantos versos indecorosos vos disse
Quantos espíritos abriguei
Para em vós me guiar
Senhores que fui
De vos subjugar para morrer
Coorte de santos caídos
Para dentro de vossos sexos
Signos que me vestiam de renascer
Quantos poemas blásfemos
E rostos sem pudor vos declamei
Entre cimos e precipícios
Símbolos obscenos da ligação sagrada
Em que sozinho convosco
Sou tudo ou nada
Relâmpago febril
A cantar na escuridão

Meus vôos falhados
De jamais vos pertencer
E meu corpo alquebrado
É uma porfia silenciosa
Triunfo movido a nunca vos ter

XXII

Estou deitado na mesa comum
Com três risos de escárnio,
Choro convulso
Para onde me levarão?
O tempo voa em círculos,
Esbarra em mim asas sangradas
A mão cantiga deu a chama dos castiçais
Amigos cantam à volta
E as flores terminam: Soluçai!
Mas os deuses, árvores atônitas
Ordenam: Por dez séculos, ladrai!
Qual o sentido desta mesa?
Por que segura minhas mãos?
Tomemos fôlego
A paz que tenho
Vaga ventos em confronto
As trincheiras da mesa
Estão a refletir
Por todas as frinchas
De meu ser repetem baionetas
Se me ergo, dizem: Temei!
Se me golpeia o fim: Festejai!
Escutem, escutem, hóspedes fatais
Varem-me com sóis a fronte empoeirada
Deixem-me nos dedos
A guitarra transtornada
O vento grita nas cordas
Preces de flores empunhadas
A mesa, ode desolada
Prossegue em três salvas

A claridade de suas cruzes dissipadas
Abrindo compassadamente
A carcaça ressequida
Geme a cabeceira: Caminhai!

XXIII

O tempo parou aqui suas três floradas
Ergueu-se o sol sobre a solidão desta morada
Estiro-me sobre o chão de guiné
Passa o vento brando
O barulho antigo de um moinho
Além desta paragem o rio canta
Quando desce a pedraria
Três trilhas de sol e um canarinho
Os campos caminham colinas
E então é noite
Os vultos vindos
Lentos, trevos, galharias
A lida das folhas rodejantes
Por que as roce a névoa finda
E as alcance a lua cheia
Que a hora esconde além da penedia
Abrem-se as abas da braúna
O vento foi do aceiro à fronde sua
E retorna então menino
Por ter guiado os pirilampos
Aqui é a varanda de onde os vejo
Relembrando o riso que me seguia
Quando o duende dançou na capoeira
Açora, o agregado fechou a porta
E sobre a mesa bailaram mais três chamas
E o jongo que lembraram as lamparinas
A janela, então aberta
Contou a ronda do luar
A voz do rio e três roseiras
Contou a lenda de Maria Moreira
Que deixou à igreja um latifúndio

Depois de matar seus três peões
Depois de enterrar seus três maridos
Contou o congo e o tererê de seis crioulos
No dia em que eles enforcaram o capataz
E vergastaram o seu senhor
Depois de incendiarem esta morada
A janela aberta contou o que foi
Quem sabe mais real que esta vida

Adiante desta hora me chamam
As ruas de outro lugar
Onde o sol mais demorado
Raia o chão que eu buscava
Por chão de meu destino
E eu aqui volvido
Vivo a foz destas palavras
Negras, fitas, renegadas
Que o mundo soube a calabouço
Estas pelo astro cravejadas
Que nada puderam ser
Senão este crepúsculo

XXIV

Teu sorriso abriu
Um renque de plátanos
Que eu atravessasse!
O alto favelário
Ruiu passaredo
Que eu houvesse a luz
A luz de seu enredo.

Campos do Jordão
Viúva dos tísicos
Tiro de tua mão
Minha mão esquerda
Tenho os braços turvos
E a glória incorrupta
De quem se rendeu
Nos teus becos frios
Vomitando a ti
E um pouco de sangue
Campos do Jordão
Sou somente a ave
Que não deixas ir
Por que me prendeste
Na paisagem grave
De tua angústia?
Lança-me abaixo
Pro vale que te custodia
Extrai de meu ser
Tuas raízes lentas
O frio ritual
Que em mim sobreviveu

Meus olhos descidos
Não sabem o ritmo
De tuas floradas
São radares doidos
Que só aprenderam
Rapsódias tão outras
Por que as ruas alegres
Com que andas em mim
São lugares tristes?
Acaso falhei o signo
De teu meridiano
Quando outro eu era
Outro que não eu?
Que tens comigo
Se confesso a rota
De meus descaminhos?
Esse ar quase trêmulo
De tirivas rápidas
Me põe tão antigo
No chão de teus olhos
Eu só olhei para mim
E então perdi
A hora em que ergues
O teu segredo
Que enviado outono
Caminhas aqui
E me recobres
Com as ramas calmas
De teus arvoredos?
Paixão ou escárnio
Não sei minha face
Acaso amargura
Tampouco o que fazes
De verde e profundo
Que sendo ninguém
Eu seja o mundo
Que te beija e insulta
Com a minha voz

Seja eu a emboscada
De meu próprio ego
O mau peregrino
De teus cumes frios
Por que me enterneces
Se tuas estrelas
Germinam favelas
E tua gente súplice
Dorme sob a terra
Ressuscita pedras
Sob sóis demorados
E se esfalta à morte
Para ter erguido
Teus solares de fidalguia?
E por que me cegas
Se tua gente insone
Floresce entre as sebes
De tuas floradas
Que a dor semeia
Na escuridão?
Aparta de mim
Tuas mãos de cedro
De prédios antigos
Com portas abertas
Pro jardim do fórum
Onde os fantasmas
De tuas manhãs
Quase irreais
Imóveis me fitam
E inexatos passam
Como hei de ser teu
Se a vida passou
Em teu chão de névoa
E, se me queria
Por que me afastou?
Vaia-me com a ordem
De que me furtei
Porque não sabia

A véstia adequada
Para a ocasião
Pisa as doutrinas
Que tua fidalguia
Veio assoalhar
Que é meu esse travo
Pelos gestos pios
Com que se redimem
Os mesmos senhores
Que a cada dia
Prestam seu tributo
A um deus envilecido
Cospe-me de vez
Com as damas sôfregas
Cuja providência
Veio assistir
A sorte alheia
Enquanto em minhas
Emoções sem rumo
A guilda andarilha
De teus miseráveis
Torna-me solícito
Sou o ofício incerto
De uma humanidade
Que não tem defesa
Saiu para os atos
E vingou com vícios
Seus deuses sonâmbulos
O ator repentino
Que em mim gesticula
Procura tuas mãos
E agora te quer
Em que parte estás
Que não me encontro?
Que triste quando eu
Disse: Fora! Fora!
Fora tuas floradas
De febre, os cães

Da onírica rua
Em que ébrio caí
No peito estas chagas
E meu bandolim
As primas sem rumo
Soavam bordão
E eu ali me via
Sem o estro da rua
Só a laia de lua
Durando o meu rosto
Que os teus cães lambiam
Fora os bares sovados
Em que fiz as juras
De meu amor traído
Eu era a boemia
O braço de ferro
Deixando nas mesas
Um travo de vinho
E a dor que eu vivia
Fora! Fora! Fora!
Os trens recolhidos
Nas gares nevoentas
Os homens miúdos
Que cultuam o ouro
E vêm me saudar
Com riso postiço
As fêmeas professas
Da vil mercancia
Do que suponho
Outra vez, eu disse:
Fora, que amo tanto
Essa coisa sórdida
Que espuma e estoura
E abre tuas cores
Pra me embebedar
É como te ofertas
Ó dor pensativa
Serrania loira

Que eu não soube olhar
E assim prossegui:
Que tens de real
Ao sonho contíguo
Em que fiz propósito
De te recolher?
O ator que há em mim
É uma lucidez
Que lembra o delírio
Fora! Eu me tornei
O olhar inexato
Pra te receber?
Transpus o mercado
Teu rosto Abernéssia
Choveu vagaroso
Sou um precipício
De passos errados
E as cordas caladas
Do olhar que deixaste
Nestas mãos tão ermas
Onde sei que te acho?
Afasta de mim
Essa gente forânea
Que não sabe os sóis
De tuas geadas
Nem as voltas paradas
De teus cumes
Além da melancolia

Recebe-me de novo
Que andei mundo
E errei a rota
Desses navegares
E se perdi
O passo de teus luares
Vim te trazer
A chama possível

Deste viver
Se galgou-me a face
A sombra d'outros lugares
Só estando em ti
Eu pude me ver
Ergueu-me o teu sol
Toando vivace
Por que me falasse
O dom que eu não via
Movido por ti
E então me calasse
Volvido de ti
O enleio mais fundo
O abrir de teu mundo
Regendo-me a face

XXV

A casa que me coube por inverno
Fica ao pé do outeiro
Estar em seu recinto
É como encontrar o dia
Na voz dos seres mais serenos
E o sol das paragens mais amenas
A casa que me coube por inverno
Ergueu-se no vão de cem jornadas
Por negros forros do lugar
E pelo mais brando alarife
Que o Montemor foi contratar
Numa vertente do Pinhal
A casa do inverno vindo
As janelas de par em par
Para a banda cismarenta dos cedros
A casa tão próxima
Deste outro fado raiar
E tão longe do chão
Que me vai recolher?
A casa ao pé do outeiro
A varanda era manhã
Seu guardião o serenar
A casa do muro circular
A porta alguém abriu devagar
A porta noturna, a face da morte a fitar

XXVI

Ah! cirandas do Embaú
Vindas dos ranchos da serra
Por quem soube ensinar
Venha me cobrir o vosso dia
Porque até vós
Já não sei mais chegar
O rancho de hoje
Que me faz vos lembrar
É o passo inexato
O passo que posso
Mas que a vida vexou
Quando o viu se mostrar
Ah! cirandas do Embaú
Vou repetir para vós
A toada que a Abernéssia me deu
Por um trovador tão moço
Que a mocidade me viu trovar:

"Venha o dia me cobrir
Com a faina desses lírios
Semeando brancura
Onde surge a tarde
E a senda vence três ravinas
Para ouvir lá embaixo
Somente as águas
Além dos caniços
Somente o riacho
Com a ciranda sem fim
De suas mágoas."

XXVII

Não acredito em nada
Nem no que tenho sido
O destino dessas noites que me chamam
Às horas de alcova
E à volúpia de um carteado
Tenho ferido tanta gente
Se me pediram um olhar
Dei as costas à mão que me estendiam
Se me suplicaram paz
Respondi a distância
De meu vulto empertigado
Só a ânsia de ter me há volvido
Às portas insones que me abriram
Nada me interessou de outrem
Senão o tinir das cornucópias
Assim tenho sido
Essa glória de cifras que me conduziu
Até esta noite
Até esta hora de vinho derramado
Sobre a mesa convulsa
Deste recinto inebriado
Cai a toalha e a jarra
E meu coração são essas flores
Lançadas para o rés de onde passo
E o chão vermelho
De seu olhar desesperado
Meu coração são essas rosas
Que me trouxe a chapeleira
E a jarra partida
E a vida em pedaços
Sobre o assoalho
Deste mundo extenuado

Quem estou no abismo desta noite?
Onde foram ter minhas certezas?
A luz verde ergueu-me esse cansaço
Faiscou o lustre, três punhais que me espreitavam
Levantem-me os astros
Rindo sobre os muros
A lua que mora no terraço
Tomem-me pelo braço
Os seres que aqui se ocultam
Nos cantos desta sala
Atrás dos cortinados
Tirem-me daqui esses seres
Feitos por meus olhos de segredo
Meus pensamentos
São chamas que me cegam
Tragam-me algo
Para a voz de minhas lágrimas
Não acredito em nada
Sequer no corpo que me falha
Minhas convicções
O vórtice que aqui me traga
As verdades essas flores pisoteadas
Nas alas deste chão
Sinto-me vencido e calafrio
Tenho sede de cânticos
Ó luz verde, cante para mim um minueto
Um rondó para mim,
Ó lembrança de meu pai!
Preciso me acercar de pessoas
Só as mãos que me estenderam
Poderão me apaziguar
Ah! esta angústia que me escande
Com o olhar quase humano
Dessas flores mortas
Por que tive de fanar assim?
Por que tive de triunfar lá fora
E vestir agora

A derrota desta vida?
Ó noite, dizei-me em surdina
O que estás a meditar
Meu ser parou pedra
No centro do dia
Deu-se a névoa e era gargalhada
Mas quando desceste em mim
Com teu calabouço
Só estilhaços

XXVIII

Instante de ouvir as Bachianas
Não aprendi a chorar
As lágrimas escorrem-me pelo pensamento
Foi num olhar mais moço que eu as sorria
De nada aproveita o esforço
De superar este mundo ordinário
De nada vale triunfar sobre a vida
Quando apenas a angústia permeia
O que foi havido
Que bálsamo as Bachianas!
E eu olhando a melodia
Anoiteci como quem ia
Por um atalho tão mundo
O quão profundo feria
O que mais me serenava

XXIX

Se me golpearam as ruas
E o dia me desdenhou
Não me queixo, ó gente atroz
Sou forte, a horda da noite
Que ri as labaredas de seu degredo
Acuar-me só faz erguer
Este canto de pedra
Que esculpi onde éreis vivendo
Com vossas gargalhadas empilhadas
Sobre a mesa onde éreis madrugando
Com vossas gargalhadas como um rito
Que nenhum pudor pôde calar
Sobre a mesa onde éreis soberbos
Não me queixo
A mesa onde éreis solenes
Foi a mais pungente balada
Que escrevi.

XXX

Eis-me aqui, meus senhores
Na véstia que haveis determinado
Lavorei duas trezenas
E entrego aqui os ganhos de vossa seara
Não vos basta esta colheita?
É ridículo o que foi semeado?
Ah, senhores, perdoai esta vil serventia
Perdoai esta mão erradia
Bem sabeis que sou o vencido
Desde o princípio peço vênia por existir
Desde o princípio fui esta quantia
Que vos vexou quando era dia
Meus senhores, relevai
Esta vida tão pouca que até aqui me moveu
Esta audácia que em mim perigou
Feito o porte desse poder
Que ora me vê vos falar?
Por vós tenho vivido, meus senhores
Como quem leva a sentença
Do tempo que lhe foi confiado
Ponderai o ínfimo quinhão que me foi concedido
Meditai este passo inexato já tão perto da invernia
Vós, porém, ficareis aqui
Mandando o mundo
E esses que lá se avultam
Por vossa valia
Vós não morrereis jamais
Só perece quem vive como eu
De poesia
Só me findo eu
Que deerrei o riso
Em roda do apogeu

Abrandai vossas vozes soberanas
Pois sei que quando crescem assim
Mais se abismam quem vos falhei
Por reles que eu seja
O rés de algum gesto
E se nada vos peço
Só vos peço essas vozes
Segredando a ternura
Que podia a altura
De vossos gestos supremos

Ah, meus senhores, bem sei que jamais pecastes
O que em mim chora
É que constitui vossos pecados
Se, ao menos, por um momento
Deixásseis de ser essas mãos absolutas
Que se abrem serras e se abrem mar
Ali vão as horas devolutas
E só nessas me foi dado navegar
Por que, agora, amarrais os meus pés?
Por que me lançais neste fosso?
E me abandonais aqui
Neste grau de degredo
E passais para além
Quando estes braços cativos tão vossos
Lavraram a cota de glória que vos entreguei
Era o que podiam
Naquele chão tão antigo
Que alvorou no que vivo
Este lento expiar
Ah, meus senhores, por que agora vossas mãos compassadas
Me confinam neste lugar?
Por que só me dizem essa sentinela calada
Diante de meus anos
Parados sob o vosso luar?
Ah, se vossas mãos fossem longe

A manhã que não consigo raiar
E se noite fossem, apenas
A noite a que viésseis sonhar, meus senhores
Este sonho de que não sei despertar

XXXI

Zuim, meu irmão, era uma criança
Era negro e meliante
Se o seu passo foi perigo
O rosto gargalhada
Era domingo e manhã o lugar que o constelava
Ali guimbava ao pé do muro
A fantasia que alcançava
No repente de um préstito
Dois praças o acuaram
Zuim foi surrado
Diante da luz
Que pedia a morte
De sua passagem
Não implorou amor
Não renunciou a nada
Expiou o estro de sua vida pouca
Entre o olhar da rua e a patrulha louca
Se breve foi a glória de seu mundo
E aquele dia a sua última viagem
O seu ser ali deixado
À beira de uma pedra
E de meu olhar parado
Já nem era manhã ou flor da agonia
Era sequer o tempo que havia
Mas o único que só a ele pertenceu
Do céu ridente ao rubro chão
O convulso rito de uma miragem

XXXII

O abutre magistral descansa em Arvoaiê
Entre três sentinelas de preto
Abafa o rinchavelho
Ordenara às sucursais a alta dos juros
Aos gestores seus amigos
Trouxe o assunto do suborno
Outras benesses do Poder
Caíram-lhe na algibeira
O Estado brandia os guizos
Ao sublime financista
Vindo de Boracéia trajando
O fraque das negociatas
Para libar o coice dos decretos
Entre as concubinas de cada ocasião
Assim nutriu de ouro
A goela enferrujada
E cercou de dólares seus três sorrisos
Como foi ter aos escalões superiores
Da corte que o esperava

Ele, Bel-Roxo, Senhor de Tal
Afundado na poltrona inverossímil
Da sala que lhe serve de verve e sentinela
Tremeu o fulo dia
Brandiu as quatro faces
Contra o terror de quem pulsava
Nas mesas arredias
A trama dos papéis que o assoalhavam:

"Fora daqui, seus muares!
Longe daqui, guaia de imbecis!
Ninguém sabe o que quero

Que venha o Del Nero
Minimizar estes papéis!
Que venha a Violeta, sim, a Violeta
Com os signos propícios, com a máquina do tempo
Arranjar esta barafunda!
Sim, eu respiro a monarquia dessas cifras
Eu vomito o vexame do que dizem
Sim, a Violeta, seus palermas!
Eu sou a ciranda dos números
Sou a tempestade dos números
E o avatar jubiloso do que ousaram viver!
Sim, eu posso tudo
Pois em meu sangue vão as vias deste mundo
Adiante, paspalhos, adiante!"

Era a veia de outro dia e ali cismava Bel-Roxo
Recostado no espaldar de cedro e solidão
Limpando o nariz nos relatórios
Os pés na espertina
E as sobrancelhas num regougo
Ontem, foi cerimoniar a comitiva
Dos meninos de Wall Street
Que vieram conferir
As contas do erário público
Para impor ao território
A nova cartilha imperial
Trataram-no com os rapapés de costume
Sim, não eram eles os semideuses?
Sim, os supimpas de Wall Street
Que sequer sorriam
Mas só fitavam, alheados, aqueles espectros sinistros
Egressos do golpe
Que restituiu à velha fidalguia
A credibilidade nos desígnios da Providência
Então, se reuniram todos no banquete oferecido
Pelo anfitrião maior, Beltrano de Abreu
Na vertente guarnecida de um solar
Enquanto a noite golpeava frio

Nos frontões do tal solar
O esguio prestidigitador de Arvoaiê
O conviva sem igual
Ia contando aos loiros da City
Como a hierarquia da noite lhe cumulara
Com a mística do cifrão

Deu-se o entrecho das comendas
Avultou-se Bel-Roxo na destra da governia
Os ganhos e glórias nas cumeadas
Tantos anos de plenipotência
Anos transtornados campeando as armas de um grosso
fatal

Abriu-se a porta que um talhe feminil já escancarava
Num transporte de cio e brandura
Seus olhos de fêmea se demoraram nas cãs
Mais espessas, já invernadas
Do grão-senhor mandarim, Bel-Roxo
O antigo varão da vasta laia
Ele se debruçara sobre os gráficos
Em busca do limiar da Criação
As ruas golpeavam faróis
Desceu turvo o golpe dos espigões
E o néon das luminárias
Resvalou na madrugada
Pondo-se em pé de um salto
Reto como um fuso encarquilhado
Cogitava na opção mercadológica de amanhã
No meio engenhoso
De depor do gabinete
O dândi efeminado
Seu aliado doutras passagens magistrais
Limpou a garganta a uma casquinada
Vestiu o paletó fosforescente
E abotoou as sobrancelhas
Ametista na voz,
As paredes ecoaram-lhe o perfil

A limusine varreu as ruas mendicantes
Na hora em que a deusa daquela noite
Gemia a jaia, Manoela
O moço ventre de alcova

Domini mei sunt

Bom homem aquele provecto senhor
Primeiro duma Ordem
Cuja espiritualidade não alcanço
Eu sim envileci
Por escandalizar-lhe a lembrança
E por conspurcar
O alto princípio de sua missão
Rompi de angústia que nada valho
Caim diuturno bailando entre as rochas
Embriagado pela balada dos ventos
Todos são meus verdugos
Todos meus juízes
Batam no limpa-trilhos
Fustiguem o ignominioso provocador
Dos lares tranqüilos
E dos homens eminentes
Riam desta máscara feroz
Que pus pelo avesso e era melancolia
Dêem comigo nos monturos
E me servirei comovido
Do que cair na escudela
Enxovalhem-me a dor diosa
A rolar por meus olhos súplices
Que guardei muitos segredos
Quando traí o depositário deles
E os disse às pessoas
Eram as tantas vozes de infâmia
Que oscilavam no meu rosto
E não tinham nenhum sentido
Náufrago de todos os humanismos

Só equívocos perpetrei
Pelo absurdo enlevo de ferir quem não feria

Fechei meu coração
Por que me conhecessem sobranceiro e só
Esbanjei todos os dons
Que me enviaram a este lugar
Agora nada peço, tampouco perdão
Não sou digno de que pronunciem meu nome
A piedade alheia passou por aqui pilheriando
O doido esgar que me vestia
Das grenhas à voz
Essa aturdida instância
Fechem-me os olhos
Para os tantos crimes que pratiquei

Recuem de mim esses horrores
Que mal posso conceber
Me abraso em vexame e seco
Olhar-me é como estar
Confinado num cárcere
E ter enegrecido a humanidade
Cujo vestígio mais degradante
Se avulta em mim
Desrespeitei a senhora que vestia
A filha para o altar
Cuspi nas cerimônias
E me despi no transcorrer das homilias
Fui ao asilo com o único fito
De descompor os anciãos
E quando me tiraram para fora
Ri na cara deles
Pensando que esses desatinos
Eram um modo
De vivenciar na carne
A poesia que cultuei a portas fechadas
Não, mentira, mentira,

Sempre eu o enganador
O espezinhador da paz alheia
A procurar eufemismos em defesa
Do que consumei a frio
Não, foi tudo coisa premeditada
E tremo da alma aos pés
Ao imaginar como prostrei
A mansidão dos velhos
Tampouco as crianças
Passaram incólumes à arte lastimável
Que carreguei como divisa
Nesse chão de brandura, nas mãos das fantasias
Em que vivem
E em que sorriem para mim
Recordando o que morri
Faces escarninhas, faces de fantasmas
Fiz ajuste com o Coxo
Para alterar quem não vivi?
Ponham-me à parte
Concedam-me um signo por manto
Um salmo por alimento
Ri, ri desbragadamente dos que pediam compaixão
E rolaram os olhos sem vida
Esbugalhados assim por talento
De um golpe que fosse
A regra de meu desprezo
Não há consolo para tanta lástima
Não há penitência para tantos tranços de tresvario
Tudo em mim roda em réu de pejo e precipício
A sarabanda grã quando só a morte é benefício

...

Eu ia em rojo, troava o vão das estocadas
Eu era a trombeta da noite, a chã do estropício
Faisquei florete contra as peitarras que me vinham
Dobrei um passo e falou inferno esta mão bem
conseguida

Ah, que infâmia foi-me o tropel de galhardia
Este olhar maldito que agora rende quem me expia
Sim, eu o que menos merecia
A voz daquele que atalhou a voz que eu conseguia
Seus olhos me souberam de brandura
Subiam de glória, a vera monarquia
E eu rezando o cão que me seguia
Era o brado só soando quem morria
E aquela voz passou por mim e me doía
Como a tristeza que eu não quis reger porque regia
Ele ia andrajoso pelas ruas
E atiraram-no num fosso
Só hoje me reconheço
Entre a multidão que o vaiava
Entre aqueles guardiões do templo
Que ergueram o açoite para ultrajá-lo
Ele ia tão manso pelas cidades
E eu desviava o rosto quando o via
Quantas vezes me chamou
E eu não quis admitir a sua voz
Entre as outras que ouvia
E era a mais pungente
Tão mais dolorosa
Quanto mais me afastava
Preferi amotinar o povo
Para arrastar à forca os grão-senhores
Escolhi zombar seus delegados,
Desacreditar a autoridade
Elegi o que me perdia
Para consubstanciar-me a que ambígua divindade?

E me fartei num frenesi de cantorias
Até se esfacelar contra mim
Minha absurda idéia de infinito
Eu era a duração encantatória daquele olhar
Eu era a multidão agora dispersada
Agora eu era o rastro
Da corja que o feria

E eu mais chão ainda
Eu cuspi seu nome
Nos pés da soldadesca
E passei soberbo entre os outros que o vaiavam
O que será de mim só vilania?
E quando expiarei quem me cumpria?
Era ele a vazante que eu não via, as mãos varadas de sol
Essa rosa de tormento
Sangrando no meu peito feito fado
Meu coração é só loucura, meu coração não sabe nada
Meu coração já tresmalhado
Morreu vencido e em vão procura
O passo de ternura
Daquele olhar que o buscava

...

Que fazes aqui, noviço?
Vim trazer a prenda que eu devia
Ao senhor destes caminhos
Aqui está meu coração e este olhar
Com que a alvorada existiu em mim
De que virtude mais se ufana?
Virtude não tenho
Só tenho este trino tecido
Quando o meu dia raiava
Na faia de onde vim
É só o que tenho
Pois só vivi passarim

XXXIII

Abro o rosto mescalino azul
Grito meu corpo a morrer czares
Gotejo verso a cavalgar os ares
Me esvaio em almas e disforme paro
Que Abernéssia alta o rumor dos montes!
Que geados risos o crepitar dos bares!
Truz, assoma a hora de quem me levanto
Desnudo a golpes lábios lupanares
Que rotações de espaços nos meus bailares!
Que Abernéssia bêbada a rodopiar luares!
Canta o galo e a outro me sucedo
Avanço a noite a passos circulares
Quando sairei de mim sem esbarrar nos pares
Condenados a sorrir a dança
Desesperada de meus esgares?

XXXIV

Agora é como me nebina
A impossível madrugada
Meu ser voltado para o dia
Quis ser bordão
Chamou-o uma ciranda
Meu ser voltado para o sol
Quis ser menino
Errou o rastro
Levou-o o destino

XXXV

Terei vindo no ano certo
A esta avenida ínvia e clandestina
Cujo itinerário é uma metralhadora de sonho e mescalina
Crucificando-me o corpo arqueada pátria
Sitiada pelo dólar?

Por que tenho que despir-te a neurastênicas miradas
E sofrer o sol
De tua aparição vertiginosa
Que suplica o vulto
De minha vida a vir?

Meu chão espreita em pedestais
De corpos empilhados
E seus olhos febris
Têm as faces ardendo em chamas
E são trópicos que bailam
O horror agridoce da morte.
Até quando meus olhos colonizados
Subirão em pânico as vertentes
Deste chão asfixiado
Para vomitar meus credos já vencidos?
Estou a rir desse teatro metafísico
Que me cospe no rosto,
Me cala o ódio
Com as personagens alucinadas
Que cambalhotam
Ao chicote inquisitorial
De quem manda neste lugar
Não sei que cataclismas
Carrego por amargura,

Nem as palavras triunfais
Que me imolam.

Sou a pira continental
A soprar da serrania
A loucura das cordas de Paco de Lucia
Que ponteios me ferem
Que gargantas me guiam
As conspiratórias
As supliciadas gargantas
Que me olham líricas
Me padecem minério
Que incendiárias gargantas
Nas canoras mãos de Paco de Lucia
Ferem Volver a los 17
Em minha face por sombra
De séculos a ruir?

E Tenório, o duende da Baixada
Gargalha a noite
Um gesto d'alma
E estruge o lampadário
E desce o céu
As doidas cordas de todas as águas
Descendo a sina de seu vulto
O centro da tempestade

XXXVI

Do monge ao monte
A noite surgia
Eram bandos encapuzados
Baleando o Viegas
Alvejando outro bando Caim
Do monge ao monte
A vila calada
Só ouvia Guacira
Aquele timbre de orvalho
Nas cordas do bandolim
Mas a névoa escondia
A vila que a noite dizia
E os nagãs lá berravam
Os fachos trapuz trovejando
Fagulhas da mão zeferim
Vertentes que entregavam
Seis vultos varados
Os fatos do contrafim

Do monge ao monte
Eu só falo de ti, monge Aldoim
Na ronda azul desta noite
Entrego a ti o déu de onde vim:

Tire meu coração de pedra
Tire meu coração
Que se atormenta por qualquer coisa
Arranque meus olhos traiçoeiros
Jogue tudo no fosso
E em meio a essa escória
Oprimida pelo tempo

Pisoteie por cima minha alma
Ah! nunca poderei ser
Como o Francisco Porciúncula
Nunca terei as consolações que ele tinha
Ele permitiu-se degradar
Porque era louco
Eu só honrei a lucidez que justifica
E me perde

É este o cerne da sentença?
É este o punhal do lampadário?
Que me venham, que me venham
Esses que só duram o golpe de um lunário
Eu vou além do que pede o coração
Eu me perdi e era morte este condão
Mas assombro ressurgi e me ergui alecrim
Ainda que só me assinalem
Esses signos da danação

XXXVII

Joculatores Dei
Tirai de meu coração
Este dia sem luz
Que ando somente a estrada
De chegar ao Rei

Joculatores Dei
Avaliai a grei
Que edificou meu sol
Depois me deu espadas
Me ergui para entender
E aturdido parei

A quem darei meu ser?
Que sortilégio se urdiu
Quando aportei?
Eu era a serra fria
Lavareda passei
Joculatores Dei

XXXVIII

Só a ti devo se existo
Minha doce ave Cristo
À beira do teu cansaço
Terraço para o infinito
Durmo a casa onde te ouço
Triste em mim a dialogar
Deixei à porta meu corpo
A cruz sangrou devagar
De que árvore respondes
Se a árvore é todo um jardim
Cuja imagem pensativa
Corre emoções em mim?
À porta meu corpo vendido
Para dois czares miúdos
Leva uma cruz tão pesada
E entre bandidos repousa
Chorando seu bandolim
E roda o chão decadente
Rindo seus sóis meretrizes
Mas os frágeis czares sérios
Entregam-no aos malfeitores
Meu corpo foi quanto vício
Não fosse um sonho creria
Pudesse te encontrar
Tu que perdoas os tristes
E acolhes os derrotados
Porém consolas os tímidos
Os que ante os poderosos
Conservaram-se inclinados
Hás de escusar a um como eu
Valseador e repentista
Que fez da vida instrumento

De propósitos iníquos
Hás de confortar o mísero
Lugar em que me esqueci
Apenas dormia, Mestre
Despertei dentro do sono
Celebrei os semideuses
De meu tempo corrompido
E esta alma tão servil
Agora a sós contigo
Permanece tão vencida
E falha o sol de tuas mãos
Um dia quis te habitar
E o dia é hoje porque
Os dias são sempre hoje
Quando a noite é o termo
E somos o próprio fim
Mas por trás da mansidão
Com que vieste sem ruído
E me vês além de mim
Vigora a face sem face
Do pó que te fez como eu
Não sei se máscaras tive
Não sei que sina me leva
Sou aquele que quiseste?
A mão que te golpeou?
Pudera ser só o momento
De teu olhar comovido
Quis minha vida aos teus pés
Mas gestos são simulacros
A sombra e o pó de um prodígio
Que não atinjo e é a vida

Só a ti devo se creio
Nesse absurdo signo, nisto
Que me deste e eu não sabia
Se é loucura ou o meu esteio
Ó minha cruz interior
Tornada Deus por licença

De morrer aos pés dos homens
Quando vivo sem que te afastes
Por lastimares o ritmo
Comedido de meus feitos
Meu sofrimento corrente
Contíguo ao desespero?
Sempre a linguagem corrente
De meus triunfos inúteis
Sempre o gesto regular
Das conquistas pouco a pouco
Individualismo chão
Dessa vã solicitude
Que me passa para o lado
Das pessoas respeitáveis
E me faz soberbo e cínico
Sempre me faltará o ato
Que lance abaixo a matéria
Humanística e confiável
De minha visão do mundo
Sem compromisso maior
Que o amor abstrato das gentes
Sem relâmpago mais alto
Que a dor suposta do próximo
Tudo isso aborrece
E eu que não sou bem assim
Que a nada vim e sou
A hipótese de tudo isso
A fronteira das coisas
Embebidas de Oriente
Tudo o que senti de frente
E é embuste ou repente
De meu ego avassalado
Pelo nada que o guia
Entre os Taos mais melancólicos
De meus Budas de algibeira
Arrastado ao ofício
De existir este mundo
Falho do ser eu prossigo

Mártir vazio de mim
Só em ti me atrevo se canto
Meu rosto insondável Cristo
Monge humilde e anônimo
Dos pequenos que não pensam
Porque têm no coração
Pensamentos mais serenos
Ah! cântico de loucura
Levado pros manicômios
À força da vaia pública
Os homens são somente o homem
Acorrentado à razão
Navegam ao sul da sorte
Não sabem para onde vão

Mas eu, ermo de ti e de mim
Por obra do passo doido
Com que um dia quis o mundo
Sem saber-lhe a incerta face
Dada à glória silenciosa
Dos homens bem comportados
Ao ufanismo ruidoso
Daqueles que não conhecem
O abismo de verem-se à face
De si, antes foram rasos
Completos e sem mistério
Sou eu a velha mise-en-scène
De meu ego destronado
Hoje quando fui à rua
Um ébrio me conheceu
Eu que nunca o tinha visto
Me indaguei se era a visão
Do salteador ou a passagem
De quem vieste me ver

Ah! este mundo além de mim
Onde tudo é ambíguo

E a alma chora aos rés das coisas
Como entender, Sereníssimo
Que estejas em toda a parte
E eu, errando a minha dor
Perdi o timbre que em mim toava
A vaga de teu amor
E eu este chão inexato
E eu este sol de crepúsculo
Tudo me é tão afastado
Ah! quanto tempo eu vivi
No quarto azul com lampiões
Ardi a luz de três poemas
E as estrelas eram rosas
Que, acaso amor, só me olhavam
Lá eram as personagens
De um teatro que em mim sorria
Elas diziam, creio tristes:
Ave, terno pirilampo!
E eu repetia: Afastem-se
Ventanias assombradas!
Que lento fui, que artífice
Falhado que o mundo quis
E eu, alheado, passei
Supondo chão o que via
E chão não foi, mas destino
Feito a passagem de um hino

Que falta faz aquela gente
As personagens sorrindo
Sobre as cadeiras de mogno
E os meus olhos cerrados
À branda rota de os ver
Concedam-me mais esta noite
Ó minhas velhas amigas
De quando eu me levantava
E o sol se deixava
Em minha fronte menina

Abrigai isto que me restou
De estranho e proscrito
No rosto que me levou
Qual um poema do dia
Desenganado do mundo
Voltem ainda uma vez
Que sou um fogo arrastado
Atrás das sombras da vida
Rio que prossegue os crimes
Insones, gente passada
À embriaguez dos punhais
Conduto veloz ou dia
Doloroso dos golpes
Praticados em silêncio
Onde o olhar é perigo
E todas as mães vieram
Buscar os filhos marcados
Pelas patrulhas do dia
Gente que eu não soube amar
Porque inda não era dia
Ou porque esqueci a luz
Que em meu coração se achava

Ó meus irmãos generosos
De quando a vida passava
Como um clarão demorado
Terminem esses herodes
Que zombam-me esta alma perdida
Nas ruas dentro de mim
Cristo, meu mestre querido
Por que me deste este mundo?
Este mundo te abomina
Por que me deste esta cruz
Que me cravejou nesta sina
E eu perdido de mim e de ti
Eu só pude esta vida
Eu só pude esta lira

Que se alcançou os teus passos
Só cantou nos meus braços
Esses olhos que tens
Tão exilados de mim

...

Abismo vida se caio
Teu vulto descido ou ríctus
Varado de glória e horror
Papoula vinho se sagro
Tuas mãos supostas e trágicas
Se juntam atrás de quem sou

XXXIX

Sou o conferidor de faturas
De uma casa de valores
Não abdiquei de nada para sobreviver
Sou mesquinho como qualquer um
Mesquinho e descortês
Como qualquer um
Importa-me o que me vai na carteira
Que passem por lá onde trabalho
E digam ao chefe:
Que malcriado aquele varapau!
Falem o que quiserem
A mim não despedirão
Porque nada obscurece a minha sorte
Depois, não me atraso nunca
E a faina me sai bem e expedita
Venham de onde vierem
Sou capaz de enfrentar o mundo
E de arrostar a soberba de quem seja
Todos sabem que meu nome está pregado na parede
Mais abaixo, está escrito *"CONFERENTE"*
E o que vai em mim
Assoma-me à cara
Organizo também o expediente
Amem-me ou não
É assim que quero ser
Alheio e esquivo como qualquer um
Não tenho pretensões de infinito
Nem me tocam as conveniências da sociedade
Que aborrecido entreter conversa
Com quem não se conhece
Que agonia ter de aturar os outros
Para legitimar a reputação qualquer

Ninguém se move por outrem
Sem que possa obter vantagens
É este o sentido da vida
Procurem outras significações
Quem tem veias para isso
Sou apenas o meu momento
E o que trago no bolso
O que vai além disso são lérias
E eu além com o vinho tinto
Varandeando como convém
A quem, como eu, atravessou o seu dia
E pôde deixar tocar-lhe a fronte livre
A fulva brisa do poente
E assim, alheio ao que pesa ao mundo
E indiferente às comoções com que aqueles outros
Por lá arranjam suas vidas estúpidas
Eu cá vou navegando minha noite
Nesta réstia de crepúsculo

XL

Passo pelo Café Cristal
Meu ofício é na Volta Fria
A hora ainda vela
Os pregões do dia
A Abernéssia me recebe
Suas passagens me cercam
Tocam-me seus dedos de frio
Cada segundo é uma passagem estreita
Cada passo uma colina
Cada prédio que vejo dorme melancolia
Truz! O sol se faz
No centro da Abernéssia
Dispersa-lhe a cabeleira de névoa
Doura-lhe o plátano
Rua acima é o renque de acácias
Que falam orvalho
Quando baila a luz
Em suas tranças mais erguidas
Qual remate de copa ou toada
De repente, as acácias
São moças vindo pelo caminho
Que deu o sol para quem passa
E, então, alterando a rota
Do muro que eu seguia
Do verde espaço, espocam
Três sorrisos
Eu vou além
Vou urdir o enredo
De outro expediente
Saúdo o senhor de gorro branco
Com dois gestos

Que lhe desejam vida e sorte
Reconheço outros vultos
Que passam por mim e dizem
O que o olhar não pode esconder
Vou mais lento e menos comovido
Porque a vila se tornou mais real
Cruzo o jardim
E as portas da casa onde oficio
Abriram-se pensativas
Para eu passar

XLI

O dia raiou numa cave
Com três vagas de vento que riam
O chão de uma pátria-agonia
Que me trouxe a esta casa tardia
À frente deste solar desolado
Nesta paragem tão fria
Onde chora o barão devastado
Pelas hordas do tempo contrário
Cujas armas tiniam
Uma doutrina de sangue
E a alma da travessia
Era lá minha véstia mais moça
Meu fitar menos fatigado
E o que mais me pertencia
Permaneci recostado
No espaldar de calafrio
Mirando o mapa das três nações
Na roda da fidalguia
Vi as espadas varando o dia
Assaltaram a casa
A cabeça da princesa
Rolou sobre o que era pedra e gemia
Quando nas ruas
Silvou a ventania
Apunhalaram o que eu pungia
Quando o dia moveu
As cordas de que morria
Carregaram meu corpo estrelado
Às bordas da sesmaria
Era o mês do brumário
Era lá a minha sorte
Eram lá minhas porfias

Mas eu não soube o golpe
Nem me reconheceu a fidalguia
A época seguiu no que sinto
Negaram-me a espada
E a espada era a homilia
A farda que me deram
Era um poente que feria
As ordens que me deixaram
Uma rôta fantasia
Era outra a pátria
E eu chorei a serrania
Me levaram para além da noite
Amarrado num estipe
Surraram a voz que eu proferia
E eu só quis prantear Pedro II
Só quis lastimar o chão
Que me recebia
Entre três sentinas moças
E uma sesmaria
Então, passou um clarim
E o que trovoava à baioneta e tremia
Soprou o meu fim

XLII

Dona Beja deixou o Araxá
Com três ramos de rosas
Nas mãos enlaçadas
Dona Beja se foi
Com três flores de bogari
Na fronte tão erma
E por onde passou
O alaúde primou
Por mais soluçar

...

Deixem-me ouvir a flauta de Antínoo
Deixem as amas de Dona Beja
Entrarem aqui
Vestidas para este luar
Ah! meus ranchos parados
Onde não sei aportar
Ah! meus piões assombrados
Serenai meu coração
Vivei-me, floradas de mistério
Levai-me, Ode da Alegria
Abjuro aqui o tempo que me perdeu
Transfigurai-me em vós
Já findou o dia
Desta rota fria
Que me envelheceu
Falhei aqui uma trezena
Meia trezena aqui me ensombreceu
Porém, não acho o rastro
Dessa vossa instância
Acaso guarnecida
Pelo sol de Orfeu

XLIII

Madruguei e era o crepúsculo
Tombado à luz do antigo vinho
Minhas mãos esse vinho, uma sextilha
Volvendo em minh'alma, ardendo a luz
inalcançável
Que estua
Nas veias desta Hora!

...

Pudera haver o místico momento
Em que todos juntos estávamos
Meus irmãos de negro e eu, então, mais serenado
Dizendo estes símbolos e estes céus
Tão alheios àqueles que por aqui passaram
Com o olhar do mundo nas caras suspendidas
Fruindo fel as bocas retesadas
A que dia foram ter aqueles vultos
Que voltaram desta noite arqueados?
Eles tornaram por aqui
Brindaram nesta mesa três bazófias
E arrastaram as sombras nédias
Para além deste caminho
E como estávamos oficiando estes símbolos
Mais equânimes porque existiam estes símbolos
E estes céus movendo a brandura que nos tinha
Mal ouvimos o troar das zombarias
Com que alcançaram a raia de onde vinham
Ah! Guaia cigana, regaço dos temulentos
Pudera haver esse místico momento
Mas nós estávamos lá com eles

Guiados pelo vinho, vomitando a vida
Que a noite gargalhava, esse abismo

...

Vento verde, vento verde
Que era fulvo e era névoa
Quando surgiu nesta paragem
Trinou na pedra
Feito a acha de outro dia
Com seu timbre ressupremo
De sálvia e sabiá
Este é o contrafim de uma jornada
Ali é a estrada de pedra
E a passagem de uma pousada
Aqui a seara servida
A três velhas que dormem
O sol já recuado
Além do que vemos é o cerro
Guardado por dois pinheiros
E pelo rancho que ergueram
Na encosta mais suspendida
Vento verde, gaio guia
Que era fulvo e me escondia
Dos ventos que me buscavam
Quando esta vida cresceu
Agora lavora breu
Onde um mocho desceu
Quebranto do céu cadente
Campeando estrelas
Nas folhas da beldroega
No plaino descrito de lua
Talento que o orvalho verteu

XLIV

Doce irmã que não tenho
Por que não me ensinaste
O caminho que eu sabia?
Passas em mim como um aviso
Tuas mãos de crepúsculo
Sou o rapazinho
A afagar tua cabeça sonolenta
Neste instante ontem
Quando cai a fita de seda
E o ruído azul no assoalho
É como me ergo
Guiado pela bengala de pinho
Manhã adentro desta primavera
O quanto queres dizer que nada sei
E as trevas me luaram de chorar
Ou se assombrei este lugar
Pelo Heidegger que professei
Mas pirilampo se ainda vou abraçado a ti
De vento em vento
Conforme sopra a lembrança
De sermos tempos presentes
De dois seres
Unidos pela mesma face
E pelos gestos de amanhã
Dois pequeninos retidos ao fim do dia
Lembrando a rota propícia dos astros
Nas cantigas que nos guiavam
E a vida era um poeta bêbado
De quem riam
Contudo tão bela para nós

Que aprendemos a ver
Pela alegria da hora
De só existirmos assim
Irmãos desamparados
Que se consolam por não se conhecerem

XLV

Rosa da varanda a judia
Campeio grota João
Quem me deu este canário
Foi quem baixou-me ao chão
Vozes da missa tropeira
Viola ponteira na mão
Quem chama do alto rito
Foi do riso à solidão

Flor que feriu por ser minha
Cantiga, rastro ou condão
Quem chora minha alegria
Dança da vida ou bordão

...

Silêncio, anjo da noite
Ouça a voz que eu trouxe
Para que aqui tomasses o teu lugar
Bebamos à luz dos sacrifícios
A vida que os versos vieram libertar
Entreguemos o cálice ao senhorio
Era dele a vida, nosso o fabular
Tu me entregaste o que pôde
A mão de teus desvelos
E eu deixei para ti
O que alcançou meu navegar
Tu te puseste num verso
E me deste a vida
Se em mim morreste o teu ser
Consumiu-me o teu fagulhar

Impresso em maio de 2003, em offset $90g/m^2$
nas oficinas da Yangraf.
Composto em Americana, corpo 9pt.

Não encontrando este título nas livrarias,
solicite-o diretamente à editora.

Escrituras Editora e Distribuidora de Livros Ltda.
Rua Maestro Callia, 123 – Vila Mariana – 04012-100 – São Paulo, SP
Telefax: (11) 5082-4190 – www.escrituras.com.br
e-mail: escrituras@escrituras.com.br (Administrativo)
e-mail: vendas@escrituras.com.br (Vendas)
e-mail: arte@escrituras.com.br (Arte)